面向城市化的
土地系统脆弱性研究

李湘梅 /著

科学出版社

北　京

内 容 简 介

快速城市化区域的生态环境问题是生态文明建设和新型城镇化建设实施过程中的重要瓶颈。本书针对快速城市化区域土地系统生态功能脆弱性凸显的现实,突出脆弱性形成的动态特性和反馈过程,建立快速城市化扰动下的土地系统"双层结构"脆弱性分析模型;引入复杂性科学的先进理论与方法——复杂网络理论,构建有向有权土地系统网络模型,揭示不同城市化发展模式和不同管理策略情景下土地系统网络在级联失效传播过程中的结构脆弱性和生态功能脆弱性的影响机制,为减缓土地系统脆弱性提供科学决策依据。

本书可作为地理学、生态学、环境科学、土地资源管理、区域发展研究等领域的研究人员以及政府有关部门工作人员的参考用书。

图书在版编目(CIP)数据

面向城市化的土地系统脆弱性研究 / 李湘梅著. —北京:科学出版社,2021.12

ISBN 978-7-03-067977-2

Ⅰ. ①面… Ⅱ. ①李… Ⅲ. ①城市土地-土地管理-研究-中国 ②城市土地-生态学-研究-中国 Ⅳ. ①F299.232.2 ②S154.1

中国版本图书馆 CIP 数据核字(2021)第 019233 号

责任编辑:邓 娴 / 责任校对:贾娜娜
责任印制:张 伟 / 封面设计:无极书装

科 学 出 版 社 出版
北京东黄城根北街 16 号
邮政编码:100717
http://www.sciencep.com
北京建宏印刷有限公司 印刷
科学出版社发行 各地新华书店经销
*
2021 年 12 月第 一 版 开本:720 × 1000 B5
2021 年 12 月第一次印刷 印张:10 1/2
字数:210 000
定价:106.00 元
(如有印装质量问题,我社负责调换)

作 者 简 介

    李湘梅，女，博士，教授，硕士研究生导师。2007 年 12 月毕业于华中科技大学环境科学与工程学院并获博士学位，2010 年 10 月为华中科技大学系统工程研究所博士后出站人员，2016 年 3 月至 2017 年 3 月为美国北卡罗来纳大学教堂山分校城市与区域规划系访问学者，现为碳排放权交易湖北省协同创新中心研究员，湖北经济学院低碳经济学院教授。近年来主要从事生态系统脆弱性评估的研究。先后承担了国家自然科学基金青年项目、湖北省自然科学基金项目、中国博士后科学基金面上项目、中国博士后科学基金特别资助项目等多项国家级及省部级项目。以第一作者或通讯作者在 *Ecological Indicators*、*Journal of Environmental Management*、《生态学报》、《资源科学》、《环境科学学报》等国际、国内期刊上发表学术论文 20 余篇。

序

  土地系统是人类社会与自然环境相互影响、相互作用形成的复杂耦合系统，揭示人地系统中自然环境与人类经济活动要素相互作用的动态机制与过程演化趋势，聚焦人地系统脆弱性研究已成为全球环境变化及可持续性科学研究的重要前沿领域问题。

  城市化是由农业为主的传统乡村社会向以工业和服务业为主的现代城市社会的转变过程，推动了经济快速发展，提高了人类的生活质量。然而，由于快速城市化最为典型的挑战是城市建成区面积一直处于快速扩张状态，主要是农业用地转化为非农业用地和城市用地，这深刻地改变了土地利用/覆盖格局，使许多具有特殊生态价值的土地（如湿地、水域）退化或完全丧失原有的生态功能，导致城市生态系统抵御灾害或外部扰动的能力非常脆弱，直接威胁着城市乃至全球的生态安全。

  制定快速城市化区域土地利用规划与管理相关决策时，需要将城市土地系统脆弱性的发生过程、影响机制以及减缓措施等相关信息与知识融入决策过程。《面向城市化的土地系统脆弱性研究》一书正是出于这一初衷，关注城市土地利用/覆盖演变过程及生态系统服务变化，探讨土地系统脆弱性发生过程、组成要素以及时空分异规律，揭示不同城市化发展模式和不同管理策略对土地系统结构脆弱性和生态功能脆弱性的影响机制。研究成果对丰富全球环境变化所带来的风险与机遇的知识，以及大力推进我国政府提出的生态文明建设战略决策的实现具有重要意义。

2020 年 6 月 25 日

前　　言

　　脆弱性是全球环境变化和可持续发展科学领域的热点研究方向,为人类社会与自然环境相互影响、相互作用形成的复杂耦合系统研究提供了重要理论和方法论。当前,中国正处在快速城市化阶段,到 2030 年,中国预计将有超过 70%的人口居住在城市。人口和经济在城市的高度集聚引发了一系列"城市病",如交通拥挤、雾霾、水质污染及生态体系破坏等,脆弱性已成为阻碍城市可持续健康发展的重要问题。然而,面对城市土地系统自身的复杂性和高强度外部扰动的影响,传统的理论和方法不能满足城市可持续发展问题的需要,脆弱性研究需要综合系统科学、复杂性科学、规划学、管理学等学科优势,围绕城市这一人类社会与自然环境耦合开放复杂巨系统,揭示快速城市化扰动背景下土地系统的脆弱性特性,为科学决策与管理提供知识和支撑,并提出科学规制与技术方法。

　　本书是国家自然科学基金项目"快速城市化背景下土地系统脆弱性研究及其适应策略"(41501183)的成果。本书从地理学人地系统理论视角出发,针对快速城市化区域生态环境问题凸显的现实,以系统科学理论为基础,试图通过探讨脆弱性形成过程的动态特性和反馈机制,揭示土地系统不同土地利用类型之间的转换关系,从而探究快速城市化对土地系统脆弱性的影响机制,为快速城市化区域减缓脆弱性、加强生态文明建设提供决策依据。

　　本书共分为七章,主要研究内容如下。

　　(1)阐述快速城市化区域土地系统脆弱性研究涉及的主要理论基础,包括系统科学理论、人地系统理论、复杂网络理论、脆弱性理论及城市化相关理论,界定每个理论涉及的相关概念和领域范畴,并阐述各理论的启示。

　　(2)对快速城市化区域的土地利用/覆盖变化时空分异及驱动因素进行分析,将中国中部特大城市——武汉市作为实证案例,分析在研究期间内不同土地利用/覆盖类型的时空分异规律,以及不同土地利用/覆盖类型与驱动因素的作用机制。

　　(3)构建快速城市化区域土地系统整体脆弱性分析模型、评价方法,并探讨脆弱性时空分异特征。从土地系统脆弱性形成机制出发,结合脆弱性内涵,提出土地系统"双层结构"脆弱性分析模型,分析脆弱性与暴露、敏感、适应能力的关系,构建脆弱性评价模型,探讨研究区暴露、敏感、适应能力以及脆弱性的时空分异特征,揭示不同区域脆弱性背后的影响因素。

　　(4)以复杂网络理论为基础,对土地系统网络特性进行分析,构建有向有权土地系统网络模型，提出一种新的节点重要度判别方法，探讨不同城市化发展模式和不同管理策略下，不同攻击策略对研究区土地系统结构脆弱性的影响规律。

（5）从环境经济学存量-流量视角出发，将生态系统服务价值变化与生态网络负载熵结合，提出评估土地系统生态功能脆弱性的指标，揭示不同城市化发展模式和不同管理策略下土地系统生态功能脆弱性在级联失效传播中的变化规律。

本书主要结论如下。

（1）系统科学理论是本书研究的核心理论基础；复杂网络理论是在系统科学理论指引下，对人地矛盾最为突出的城市土地系统结构脆弱性和生态功能脆弱性进行研究；人地系统理论为快速城市化区域的土地系统脆弱性评估提供方法论指导；城市化相关理论为快速城市化区域在不同情景下的土地系统脆弱性研究提供重要基础；脆弱性理论为快速城市化区域的土地系统脆弱性分析框架、评估方法等提供重要的理论指导。

（2）研究区在研究期间内的土地利用/覆盖格局发生了显著变化，净增加与净减少变化速度不同。在1990～2015年，武汉市建设用地面积增加了719.20km^2，水域面积也增加了149.55km^2，耕地面积减少幅度最大，达到810.51km^2。增加的建设用地主要由耕地转化而来，用于区域的经济发展。土地利用/覆盖变化的时空格局受到社会经济因素和自然因素的综合影响，其中社会经济因素占主导作用。对于研究区的三种重要地类，即耕地、水域和建设用地而言，不同影响因素对其影响强度不同。

（3）研究区的暴露、敏感、适应能力和脆弱性呈现出时空分异规律。根据提出的脆弱性评估模型对研究区进行评估可知，武汉市暴露与敏感的时空分布一致，非常低的适应能力对应于最小生态系统服务价值，主要位于武汉市城乡接合部。不同级别的脆弱性区域受到不同因子的驱动，如暴露、敏感和适应能力。脆弱性热点区域主要发生在城乡接合部，显示了研究期间脆弱性的快速增长趋势。

（4）揭示研究区土地系统结构脆弱性如何响应不同城市化发展模式和不同管理策略。根据提出的关键土地利用/覆盖类型识别方法，发现研究区水田、旱地、湖泊等为最重要的地类，对其蓄意攻击将对网络中其他节点产生级联影响，最终影响土地系统的整体连通性和网络拓扑效率。当水田、旱地和湖泊的面积减少超过临界点30%、50%和20%时，网络拓扑效率和连通性急剧下降。此外，重要地类对容忍参数 α 的变化最为敏感，当容忍参数 α 从0增加到0.5时，网络拓扑效率急剧增加，α 达到临界值0.5时，网络拓扑效率达到最大。

（5）揭示研究区土地系统生态功能脆弱性如何响应不同城市化发展模式和不同管理策略。从存量-流量视角出发，假设快速城市化是导致非生态流或退化生态流发生、土地系统生态存量减少、生态功能脆弱性增加的重要原因；尽管武汉市快速城市化区域消耗大量生态用地，但是武汉市总的生态系统服务功能有所增加，主要在于水田转化为池塘用于养虾等，增强生态流发生；水田是最重要的节点，减少水田面积将使得土地系统脆弱性大幅度增加；为保持土地系统的正常功能，耕地和水域面积不能低于现有面积的 80%和 40%。

　　本书尝试性地探索脆弱性研究的新领域、新方法，为城市可持续发展问题研究提供了一个新的理论和方法视角。然而，由于作者在理论、方法、数据等方面认识不足，本书出版内容还是初步研究成果，难免存在不足乃至值得商榷的地方。欢迎从事相关研究的科学工作者和读者给予批评指正，以促进相关研究工作的进一步开展。

李湘梅

2020 年 5 月 30 日

目　　录

第一章　绪论 ………………………………………………………………… 1
　第一节　研究背景及意义 ………………………………………………… 1
　　一、研究背景 ………………………………………………………… 1
　　二、研究意义 ………………………………………………………… 3
　第二节　国内外研究进展 ………………………………………………… 4
　　一、土地利用/覆盖及驱动因素研究进展 ……………………………… 4
　　二、脆弱性研究进展 ………………………………………………… 7
　　三、复杂网络研究进展 ……………………………………………… 11
　第三节　研究内容、拟解决关键问题及创新点 ……………………… 14
　　一、研究内容 ………………………………………………………… 14
　　二、拟解决关键问题 ………………………………………………… 15
　　三、创新点 …………………………………………………………… 16
　第四节　研究方案 ……………………………………………………… 17
　　一、总体思路 ………………………………………………………… 17
　　二、技术路线 ………………………………………………………… 17
第二章　理论基础 ………………………………………………………… 19
　第一节　系统科学理论 ………………………………………………… 19
　　一、系统科学发展演进 ……………………………………………… 19
　　二、系统科学基本概念 ……………………………………………… 20
　　三、系统科学方法论 ………………………………………………… 21
　　四、土地系统论 ……………………………………………………… 22
　第二节　人地系统理论 ………………………………………………… 22
　　一、人地系统思想的演变 …………………………………………… 23
　　二、人地系统的内涵与特征 ………………………………………… 23
　　三、人地系统协调共生 ……………………………………………… 25
　　四、生态文明建设对人地系统的指导意义 ………………………… 27
　第三节　复杂网络理论 ………………………………………………… 28
　　一、网络复杂性 ……………………………………………………… 28
　　二、复杂网络的基本概念 …………………………………………… 29

三、网络拓扑模型及其性质 ··· 34
第四节　脆弱性理论 ··· 35
一、脆弱性组成与核心问题 ··· 35
二、脆弱性与弹性、适应性及可持续性的关系 ······················· 37
三、脆弱性概念模型 ·· 38
第五节　城市化相关理论 ·· 40
一、城市及城市化内涵 ··· 40
二、城市化基础理论 ·· 40
三、城市化发展规律 ·· 41
四、城市化与土地利用 ··· 43
五、城市化与生态环境问题 ··· 43
第三章　武汉市土地利用/覆盖变化及驱动因素分析 ························· 45
第一节　武汉市概况 ··· 45
一、自然环境概况 ··· 46
二、社会经济概况 ··· 46
三、战略地位与土地利用现状 ·· 47
第二节　研究方法与数据源 ·· 48
一、土地利用动态变化分析模型 ··· 48
二、偏最小二乘法 ··· 49
三、数据源 ··· 53
第三节　武汉市土地利用/覆盖变化动态分析 ································· 55
一、武汉市土地利用/覆盖变化动态特征 ··································· 55
二、武汉市土地利用/覆盖变化动态度分析 ································ 56
三、武汉市土地利用/覆盖变化转移动态分析 ····························· 57
第四节　武汉市土地利用/覆盖变化驱动因素研究 ·························· 59
一、驱动因素数据预处理 ·· 59
二、偏最小二乘法参数与模型精确度分析 ··································· 63
三、驱动因素重要性分析 ·· 64
四、不同土地利用类型与驱动因素关系分析 ································ 67
第五节　本章小结 ··· 71
第四章　武汉市土地系统整体脆弱性评价 ····································· 73
第一节　土地系统"双层结构"脆弱性分析理论框架 ······················ 73
一、基于 SPRC 概念模型的脆弱性形成机制 ······························ 73
二、"双层结构"脆弱性分析理论框架 ······································· 75
第二节　暴露-敏感-适应能力框架下的整体脆弱性评价方法 ············· 76

一、脆弱性评价模型 ……………………………………………… 76
二、整体脆弱性评价指标体系 …………………………………… 81
三、数据源及处理 ………………………………………………… 81
四、整体脆弱性的可视化分析 …………………………………… 83
第三节 武汉市土地系统整体脆弱性时空分异分析 …………… 83
一、暴露时空分异分析 …………………………………………… 83
二、敏感时空分异分析 …………………………………………… 85
三、适应能力时空分异分析 ……………………………………… 85
四、脆弱性时空分异分析 ………………………………………… 87
第四节 讨论 ……………………………………………………… 88
一、脆弱性的横向和纵向比较分析 ……………………………… 88
二、进一步研究结构脆弱性和生态功能脆弱性的必要性 ……… 88
第五节 本章小结 ………………………………………………… 89
第五章 快速城市化对土地系统结构脆弱性影响研究 ………… 91
第一节 快速城市化与土地系统脆弱性 ………………………… 91
第二节 土地系统复杂性特征分析 ……………………………… 92
第三节 研究方法与数据源 ……………………………………… 93
一、土地系统复杂网络描述模型 ………………………………… 94
二、关键土地利用类型和转换的识别方法 ……………………… 94
三、土地系统结构脆弱性分析 …………………………………… 96
四、研究数据 ……………………………………………………… 98
五、软件平台 ……………………………………………………… 100
第四节 土地系统复杂网络拓扑特征 …………………………… 100
一、不同时期土地系统复杂网络拓扑结构 ……………………… 100
二、不同时期土地系统复杂网络拓扑统计特征 ………………… 103
三、土地系统重要土地利用类型和优势转换的识别 …………… 104
第五节 不同城市化发展模式对土地系统结构脆弱性的影响 … 106
第六节 本章小结 ………………………………………………… 109
第六章 快速城市化对土地系统生态功能脆弱性影响研究 …… 112
第一节 存量-流量模型 ………………………………………… 112
一、存量与流量的概念 …………………………………………… 112
二、存量与流量视角下城市化进程引发生态功能退化的分析框架 … 113
第二节 研究方法与数据源 ……………………………………… 115
一、土地系统复杂网络构建 ……………………………………… 116
二、土地系统网络的级联模型 …………………………………… 116

三、研究数据 ··· 118

第三节　土地系统生态功能脆弱性度量指标 ························· 119

一、攻击前后生态系统服务价值变化 ····························· 119

二、土地系统生态负载熵 ··· 120

第四节　不同城市化发展模式和不同管理策略对土地系统生态

　　　　功能脆弱性的影响 ··· 122

一、1990～2015 年武汉市生态系统服务的存量和流量分析 ········· 122

二、不同城市化发展模式对土地系统生态功能脆弱性的影响 ······· 125

三、不同管理策略对土地系统生态功能脆弱性的影响 ············· 127

第五节　讨论 ··· 129

一、复杂网络分析方法在土地系统研究中的有效性 ··············· 129

二、可持续土地资源管理的政策建议 ····························· 130

第六节　本章小结 ··· 131

第七章　结论与展望 ··· 133

第一节　研究结论 ··· 133

第二节　不足与展望 ··· 135

参考文献 ·· 137

第一章 绪 论

第一节 研究背景及意义

一、研究背景

（一）城市化是导致土地系统生态功能退化的重要驱动力

城市化是由农业为主的传统乡村社会向以工业和服务业为主的现代城市社会逐渐转变的过程，包括人口土地及地域空间的转移、产业结构变化（中国经济增长前沿课题组，2011）。根据联合国公布的《世界城市化前景报告》，2018 年全球城市化水平达到 55%（United Nations，2018），亚洲和非洲的增长尤为明显。与此同时，中国城市化水平从 1978 年的 17.92%上升到 2017 年的 58.52%（中华人民共和国国家统计局，2018）；按照目前的线性增长速度，到 2030 年，中国预计将有超过 70%的人口居住在城市，城市化将达到发达国家水平（李进涛等，2018）。城市化的推进产生了集聚效应，推动了经济发展，但"高耗能、高污染、高排放"的粗放型城市经济发展模式引发了一系列"城市病"，如交通拥挤、雾霾、水质污染及生态体系破坏等（梁龙武等，2019）。

Nature 发表文章呼吁人类实施保育政策阻止地球最后完整的生态系统消失，因为人类活动已经直接改变了地球 77%以上的土地（不包括南极洲）（Watson et al.，2018）。在人类活动中，城市化对全球生态系统功能退化起到重要决定作用（Bennett et al.，2009）。20 世纪 90 年代以来，中国土地利用变化格局逐步形成以开垦与退耕、过牧与退牧、毁林与造林以及快速城市化为代表的 4 种类型（刘纪远等，2002）。如今，城市化最为典型的挑战是城市建成区面积一直处于快速扩张状态，出现了"土地城市化明显快于人口城市化"的现象。土地城市化体现为农业用地转化为非农业用地和农村用地转化为城市用地的过程（杜帼男和蔡继明，2013），造成人地增长不匹配、土地利用效率较低等问题。更为重要的是，由于大量农田、生态用地（如林地和草地）被城市建设用地侵占，这种粗放的土地利用模式在改变土地利用结构的同时，导致生态系统格局与过程发生剧烈改变，许多具有特殊生态价值的土地（如湿地、荒漠）丧失其生态功能（喻锋等，2015），如生物多样性损失、生态系统服务功能受损，这些都威胁着城市乃至全球的生态安

全（史培军等，2000；MEA，2005；Wang et al.，2018a），进而制约城市可持续健康发展。

（二）脆弱性是土地系统可持续发展转型的核心内容

2005 年，国际地圈-生物圈计划（International Geosphere-Biosphere Programme，IGBP）和国际全球环境变化人文因素计划（International Human Dimensions Programme，IHDP）提出全球土地计划（Global Land Project，GLP），以推动土地变化科学（land change science，LCS）研究，主要包括土地系统变化的原因和本质、土地系统变化的后果以及土地可持续性的综合分析和模拟（GLP，2005；Turner et al.，2007），以合理利用土地资源，有效应对全球环境变化（何春阳和史培军，2009）。2019 年 4 月，主办方 GLP 在瑞士举行了第四届全球土地计划开放科学大会（Global Land Progamme Open Science Meeting，GLPOSM），主要议题是"面向人与自然的土地系统转变"（Transforming Land System for People and Nature），其中支持可持续发展转型已成为土地系统科学研究和管理的新前沿（董金玮，2019）。

土地系统是由自然因素、人类土地利用活动及其影响因素构成的地域综合体（Turner et al.，1993；Liu et al.，2003；GLP，2005）。土地系统作为一个由人类社会与自然环境相互影响、相互作用而形成的复杂耦合系统，常暴露于灾害和扰动环境下，其运行状态不仅关系到人类的生存和发展，也是影响整个生态系统稳定性的关键。脆弱性概念最早作为科学术语出现在 20 世纪 60 年代，后在多个领域得到应用，如自然灾害（Uitto，1998）、气候变化（Füssel，2007）、金融体系（朱敏和谭德凯，2011）等。地学领域的脆弱性研究通常与"风险"、"灾害"和"恢复力"等概念紧密联系。当前，脆弱性已成为当代地理学以及相关学科诠释人地相互作用机制、过程、区域可持续发展的重要科学途径和学科前沿的重大科学问题（王岩等，2013）。土地系统转型是应对全球挑战、实现全球向可持续性转型的重要途径。脆弱性研究强调如何通过降低系统的脆弱性来实现可持续发展，是可持续发展研究的一个新的范式，其成果可为科学与政治决策间的对话提供良好的平台，具有重要的理论和实践价值。土地系统脆弱性研究已成为社会经济系统与自然生态系统相互作用方面具有代表性的前沿研究议题之一，是可持续性研究领域的热点研究内容（Cutter et al.，2003；Turner et al.，2003）。

（三）土地系统脆弱性评估是城市生态规划与决策的重要依据

脆弱性是指系统在受到外部扰动后，由于系统对扰动的敏感性和缺乏抵抗力而造成系统结构和功能发生改变的一种属性（李鹤等，2008）。显而易见，脆弱性是源于系统内部的、固有的一种属性，由系统外部扰动和内在属性共同决定，暴露是系统脆弱性的触发器（扰动源），系统对扰动的敏感和适应能力是系统脆弱性的重要决定因素。国际可持续发展项目研究与评估组（the Research and Assessment Systems for Sustainability Program）为建立可持续评估系统提出了土地系统脆弱性评估概念框架，将脆弱性定义为暴露、敏感、适应能力的函数（Turner et al.，2003）。目前借鉴这一框架探讨土地脆弱性已成为一个趋势，Metzger 等（2006）在 Turner 等（2003）研究的基础上，指出潜在影响是关于暴露和敏感的函数，把脆弱性表示为潜在影响和适应能力的函数，提出了人类社会与自然环境耦合系统对土地利用变化的脆弱性量化方法。方创琳和王岩（2015）从可持续发展视角出发，构建城市脆弱性研究框架和综合测度指标体系，在全国尺度上对城市脆弱性进行综合评价，明确城市脆弱性的总体状况与空间分布格局，为我国制定和完善城市生态规划与政策提供科学依据，为降低和应对城市脆弱性、实现可持续发展提供保障。

二、研究意义

（一）理论意义

为应对全球环境变化，2005 年全球土地计划将土地系统脆弱性确立为中心主题。2013 年，国际科学联盟（International Council for Science，ICSU）提出"未来地球"（Future Earth）计划，旨在丰富全球环境变化所带来的风险与机遇的知识，以减少风险和脆弱性。面对国内资源环境约束趋紧、生态系统退化的严峻形势，我国政府提出大力推进生态文明建设的战略决策，退耕还林、三生空间规划、城市发展规模、生态红线划定等为生态文明建设的实现提供了重要支撑。在此背景下，评估快速城市化区域土地系统整体脆弱性，并深入土地系统结构内部，剖析快速城市化区域建设用地与生态用地之间以及生态用地之间相互转化的关系与过程，揭示土地系统结构脆弱性和生态功能脆弱性的影响机制对于脆弱性理论以及城市生态规划理论的拓展具有重要的理论意义。

（二）实践意义

武汉市是中国中部地区的中心城市、长江经济带核心城市，辖 7 个主城区和 6 个远城区，总面积 8569.15 平方公里。党的十九大报告将"以共抓大保护、不搞大开发为导向推动长江经济带发展"纳入新时代实施区域协调发展战略的重要内容。在此背景下,依托长江经济带发挥武汉市的引领作用,推进新型城镇化建设,实现城镇化质量提高,优化城镇化生态空间格局成为长江经济带建设的重要内容。2018 年,武汉市城市化水平达到 80.29%(武汉市统计局,2019),高于全国城市化水平。城市化快速发展的同时,武汉市也存在耕地占用、毁林开荒、围湖造地等行为,导致土地利用格局显著变化,资源环境系统脆弱性呈现出极为稳定且居高不下的态势(胡志强,2014)。面对国内外城市化发展过程中造成的生态环境破坏,迫切需要我们探讨以下问题:快速城市化区域土地系统脆弱性是如何发生的?快速城市化对土地系统生态服务功能退化的影响机制是什么?如何采取措施降低土地系统的脆弱性?这些问题的研究和探讨,将有利于决策部门通过积极的干预和控制策略,降低土地系统的脆弱性,提高土地生态服务功能,实现土地的生态效益和经济效益。

第二节　国内外研究进展

一、土地利用/覆盖及驱动因素研究进展

(一)土地利用/覆盖的概念

土地利用与土地覆盖是既有联系又有区别的概念。土地利用(land use)是人类对土地自然属性的利用方式以及利用状况,属于人类社会属性,是基于一定目的对土地进行的开发与利用,如农业用地、交通用地、居住用地等(Schilling et al.,2010)。土地覆盖(land cover)是自然和人类活动共同作用下的地球陆地表层和近地面层所呈现的状态(Turner et al.,1995),是自然营造物和人工建筑物所覆盖的地表诸要素的综合体(史培军等,2000),即自然条件及人类活动共同作用的结果。从概念层面看,人类所有的土地利用活动,包括城镇建设、土地开垦及其长期累积所致的土地覆盖状况变化,都可归为土地利用与土地覆盖变化研究的范畴(何凡能等,2019)。

(二)土地利用/覆盖变化研究现状

近几十年来,土地利用/覆盖研究一直是学者关注的热点问题。早在 20 世纪 30 年代,美国学者 Webb 通过对美国大平原农业用地类型的研究,证明该地区土地利用类型是由当地干旱程度决定的。之后到 70 年代后期,伴随着卫星遥感技术的产生与发展,主要集中在土地利用/覆盖的分类、描述、制图及变化机理的初步

研究；80 年代后期以来，随着遥感与地理信息系统（geographic information system，GIS）技术在土地研究中的广泛应用，一些典型地区的土地利用动态变化监测逐步受到人们的重视。此后，具有全球影响的两大计划——国际地圈-生物圈计划和全球环境变化中的人文领域计划将土地利用/覆盖推向高潮。1995 年，IGBP 和 IHDP 联合提出土地利用/覆盖变化（land use and land-cover change，LUCC）科学研究计划（Turner et al.，1995）；2005 年，两计划继 LUCC 后又联合推出全球土地计划，将土地利用/覆盖变化作为全球变化研究的核心内容，具体内容包括从土地利用及覆盖变化的环境效应到土地系统的脆弱性识别与各类扰动因素（包括气候变化）的相互作用。2013 年，国际科学联盟发起了"未来地球"研究计划，旨在分析和模拟人类-环境相互影响机制，提供专业风险分析知识和风险预警。

土地利用/覆盖变化项目在世界各国广泛开展，为区域可持续发展提供了决策依据。国际应用系统分析研究所（International Institute for Applied Systems Analysis，IIASA）于 1995 年启动了"欧洲和北亚土地利用/覆盖变化模型"项目。美国全球变化研究计划（U. S. Global Change Research Plan，USGCRP）对土地利用/覆盖的现状类型和过去的变化进行分类与整理，探讨其自然和人为影响因素，对其变化的生态过程进行预测。欧盟委员会（European Commission）联合研究中心（Joint Research Centre，JRC）使用此分类系统对全球土地利用/覆盖进行分类（张景华等，2011）。日本国立科学院全球环境研究中心提出了"为全球环境保护的土地利用研究"项目，着眼于亚太地区的土地可持续利用研究等。此外，关于土地利用/覆盖变化的环境效应方面的研究得到广泛关注。Kalnay 和 Cai（2003）认为过去 50 年，美国大陆的土地利用/覆盖变化引起地表平均温度的上升。一般来讲，中高纬度地区森林砍伐以反照率升高导致的降温效应为主（Zhang et al.，2014）。相反，低纬度地区森林砍伐则以升温效应为主（Lee et al.，2011；Zhang et al.，2014）。有研究表明，坦桑尼亚北部半干旱地区的林地转变为农业用地后，该地区土壤中的碳和氮含量分别降低了 56%和 51%（Solomon et al.，2000）。李红月等（2017）分析了长白山丘陵地区不同土地利用方式对土壤动物群落生态分布的影响。李愈哲等（2013）选择 6 种不同土地管理方式的典型草地作为实验样地，对锡林郭勒盟典型温性草原区域的植物群落展开研究，观测并比较了研究区的植物群落物种组成及其多样性。

国内外学者在对土地利用/覆盖变化的研究过程中，提出了大量的研究方法和相关模型，对土地利用/覆盖变化研究起到了积极的推动作用。主要采用的土地利用/覆盖变化监测方法有目视解译法、变化信息直接提取法以及计算机模拟法等（张银辉和赵庚星，2001）。例如，中国科学院地理科学与资源研究所利用 20 世纪 50 年代和 80 年代的航空图片，并参考 1991 年和 1992 年 Landsat 遥感影像，采用目视解译法对浙江省兰溪市上华实验区的土地退化进行了研究（周厚侠，2016）。

曹林林等（2016）采用卷积神经网络算法对高分辨率影像进行分类，避免了特征提取和分类过程中数据重建的复杂度，提高了分类精度。土地利用/覆盖变化研究的常用模型总结起来有以下几种：①土地利用程度模型，包括单一及综合的土地利用动态度模型、土地利用综合程度指数模型、土地利用变化量及变化率模型；②区域空间差异模型；③空间转移变化模型，主要以土地类型的重心变化来表达；④预测模型，包括马尔可夫（Markov）模型、系统动力学模型、元胞自动机（cellular automata，CA）模型以及土地利用变化及其效应（conversion of land use and its effects，CLUE）模型。

（三）土地利用/覆盖变化驱动力研究现状

土地利用/覆盖变化驱动力研究旨在揭示土地利用/覆盖变化的原因、内部机制和过程，预测其未来变化发展的趋势与结果，对于制定相应的生态环境保护对策具有十分重要的意义，是当前国际研究的热点和焦点问题（摆万奇和赵士洞，2001）。国内外研究文献显示，土地利用/覆盖变化驱动力研究主要集中在驱动因素选择及驱动因素与土地利用/覆盖变化之间的关系模型构建两个方面。驱动因素主要包括自然因素和人文因素两大类，其中自然因素包括气候、土壤、地形和水温等。例如，李鹏和于书霞（2014）对滇池流域土地利用/覆盖的研究表明，林地的驱动力由强到弱依次为坡度、高程、土壤类型和距主要河流的距离，草地的驱动力由强到弱依次为土壤类型、距主要河流的距离和农业化肥施用量。随着研究的深入，人文因素逐渐成为该研究领域的新热点。事实上，从芝加哥学派到马克思主义理论学派，以及当代新制度经济学派，人文因素一直被视为土地利用/覆盖变化的核心要素（毛蒋兴等，2009；Gallent and Shaw，2007）。张惠远等（1999）通过分析贵州省喀斯特山区土地利用及社会经济状况变化特征，提出人类驱动因素指标，探讨人类驱动因素对土地利用/覆盖变化的驱动机制。刘盛和（2002）将城市用地扩张分为自然因素和社会因素，即自然、市场、社会价值和政治权利这几类驱动机制。毛蒋兴等（2008）以巨型城市深圳为例，将土地利用变化驱动因素分为经济发展水平因素、城市化和工业化因素、人口因素和产业结构调整因素，结果表明，不同因素对城市土地利用变换的影响作用不同，人口因素、城市化和工业化因素的影响作用较大，经济发展水平因素和产业结构调整因素其次。此外，政策因素也会对土地利用产生显著影响。例如，西部大开发"生态退耕"政策导致延河流域耕地面积减少、林地面积增加（娄和震等，2014）。

土地利用/覆盖驱动机制研究方法主要包括定性分析法和定量分析法两种。定性分析法主要是分析影响土地利用/覆盖变化的地形、气候、政治、经济等影响因素，但是只能得到定性分析结果，无法度量不同驱动因素对于土地利用/覆盖变化的影响大小，多运用于早期的研究当中（杨武年，2010）。定量分析法包括统计学模型、基于过程的动态模型、综合模型以及智能领域模型（何英彬等，2013）。统计学模型是从土地利用/覆盖变化与所确定的影响因子数值间的统计关系来筛选主导驱动因素，从而确定土地利用/覆盖变化与驱动因素的定量关系，主要包括主成分分析模型、典型相关分析模型、Logistic 回归分析模型等。龙花楼等（2002）运用典型相关分析方法对安徽省 20 世纪 90 年代中期到 2000 年的土地利用变化驱动因素贡献率进行了定量诊断。目前广泛采用的土地利用/覆盖动态模型包括元胞自动机模型和系统动力学模型。黎夏和叶嘉安（2005）提出基于神经网络的元胞自动机模型，通过确定模型参数和模型结构进而模拟复杂土地利用系统及其演变，以消除常规模拟方法的弊端。综合模型则是综合各个模型的优点用于解决特定问题，这类模型应用较多的是 CLUE 模型（孙永光等，2011；高志强和易维，2012）。该模型是一种基于系统理论的、通过考虑社会经济和生物物理驱动因素，综合分析土地利用变化的多尺度动态模型。高志强和易维（2012）利用 CLUE-S（the conversion of land use and its effects at small regional extent）模型模拟 2000～2020 年中国土地的利用状况及驱动空间特征，表明预测精度总体优于 Dinamica EGO（environment for geoprocessing objects）模型。智能领域模型在驱动力分析中的应用较少，但表现出巨大的应用前景，如人工神经网络方法（刘旭华等，2005）。

二、脆弱性研究进展

脆弱性（vulnerability）研究源于 20 世纪 60 年代末期的自然灾害研究。随着全球气候变化、土地利用变化、城市化进程的不断加快，脆弱性研究呈现出快速增长趋势（Janssen et al.，2006），已成为当前全球环境变化与可持续发展学科领域关注的热点和前沿问题（张平宇等，2011）。随后，多项国际性科学研究组织或计划即政府间气候变化专门委员会（Intergovernmental Panel on Climate Change，IPCC）、IGBP、联合国环境规划署（United Nations Environment Programme，UNEP）、GLP 等从全球气候变化和可持续发展的角度研究系统脆弱性。目前，脆弱性研究已在多个领域开展，主要体现在灾害管理学（Hardy，2017）、生态学（Zang et al.，2017）、社会科学（Absar and Preston，2015）、经济学（Bates et al.，2014）、气候变化（Paul et al.，2019）、可持续性科学（Turner et al.，2003）等多个学科中。根据目前的研究现状可以看出，生态环境脆弱性、气候变化脆弱性、自然灾害脆弱性以及典型脆弱生态区等方面的研究取得了较快进展。随着多项国际性科学研究计划的不断推进，人地耦合系统脆弱性评估及其影响因素和发生机制已经成为当前脆弱性研究领域的发展新趋势（王岩等，2013）。

（一）脆弱性概念溯源、演进与科学内涵

关于脆弱性研究的雏形最早出现在 20 世纪 60 年代的自然灾害领域（Turner et al.，2003；Roberts and Yang，2003；Adger and Kelly，1999），主要内容是辨识和预测自然灾害中脆弱的群体和危险区域，但较少关注社会、政治、经济，尤其是社会结构、制度等方面遭受到灾害的影响过程和作用程度。脆弱性研究的一个重要理论来源是 20 世纪 80 年代初期出现在粮食安全研究领域的权利失败理论（Adger，2006）。学者认识到在没有明显环境灾害的影响下，个体权利缺失使其缺乏获取粮食的途径，从而导致其对饥荒的脆弱性。Sen（1981）利用权利失败理论对饥荒产生的原因进行解释，把福利水平、社会等级制度等当作分析饥荒脆弱性的重要变量，这一理论强调了社会经济是脆弱性的产生因素及导致结果差异的原因。

20 世纪 90 年代以来，随着对贫困问题研究的进一步加深，在借鉴粮食安全领域关于权利失败理论研究的基础上，发展经济学领域出现了可持续生计和贫困脆弱性研究（White，1974），主要从个体层面界定和估量风险与福利之间的关系。脆弱性研究通常运用在发展援助和扶贫实践中，在某种程度上等同于难以持续生计的敏感性。2000 年以来，耦合系统层面的脆弱性问题越来越受到关注。这一阶段的脆弱性研究不仅借鉴了灾害脆弱性研究中的暴露、敏感性等相关概念以及评价方法，同时将权利失败理论和政治生态学研究中关于社会、经济等因素的恢复力机制归入分析框架中，逐步探索耦合系统脆弱性产生的机制及过程（Eakin and Luers，2006；Schröter et al.，2004），并正式将脆弱性作为系统的重要属性提出（史培军等，2006；Young et al.，2006）。耦合系统脆弱性研究从单一扰动扩展到多重扰动，在特定空间尺度上对脆弱性产生的多反馈、多因素、跨尺度过程进行系统分析，特别是在全球环境变化研究领域，脆弱性研究有着综合集成和跨学科的研究趋势。

脆弱性一词来自拉丁文 vulnerare，是"可能受伤"之意。根据学者 Birkmann（2006）统计，当前已有的相关文献中大概有 25 种以上有关脆弱性的不同定义。从最初自然系统脆弱性与"风险"概念相似，到脆弱性在社会经济领域加入人文驱动因素。因不同应用领域的研究对象和学科视域不同，对脆弱性内涵界定的争论异常激烈。由于脆弱性在内涵界定、侧重点及构成要素方面存在较大的分歧（李鹤等，2008），许多学者提议建立一种通用的脆弱性概念及框架，以便进行不同领域学者间的交流（Füssel，2007；Gallopín，2006），目前仅在人与环境耦合系统研究领域关于脆弱性内涵的理解初步达成了一些共识。

IPCC 就人类系统对气候环境变化的脆弱性概念进行了明确规定。国内外比较权威的是 IPCC（2001）报告中关于脆弱性的定义，"系统易受或没有能力应对气

候变化的扰动，包括变率和极端事件而产生不利影响的程度，是气候变异特征、变化幅度和速率以及系统敏感性和适应能力的函数"。脆弱性内涵不仅考虑了系统内外部条件的影响，还将人类活动纳入脆弱性评价中。

（二）脆弱性评价研究现状

脆弱性评价是指对某一自然或人文系统自身的现状、组成要素的结构、功能、运行状况等进行分析研究，预测外部胁迫可能对系统造成的影响及损害，同时评估系统自身对外部胁迫的抵抗力和从不利影响中恢复的能力。主要目的在于缓解外部胁迫对系统带来的不利影响，为损害系统提出响应的综合治理措施和决策依据，维护系统的可持续发展（刘燕华和李秀彬，2001）。

脆弱性评价方法主要分为定性评价方法和定量评价方法两类。定性评价是根据历史数据、实地考察数据以及经验资料，分析所评价系统的脆弱性现状，借助归纳与推演等方法，对在外部胁迫下的系统可能产生的变化或如何响应进行非定量的描述、刻画和预测。定量评价方法是对所评价系统的脆弱性、暴露、敏感、适应能力以及外部扰动造成的影响进行定量描述的方法。通过建立数学模型来揭示外部扰动对系统结构和功能的影响规律。

近年来，脆弱性定量评价方面的研究取得了一定成果。国内外将脆弱性研究定量评价方法主要归纳为以下五类。

（1）指标评价法。这一评价方法从脆弱性表现特征、产生原因等方面入手构建评价指标体系，借助统计学方法建立评价模型来评价系统的脆弱性程度。例如，Salvati（2014）选取人口、劳动市场、人力资本、农村发展和收入水平等指标构建了土地脆弱性指标体系，将集成决策支持系统用于评价意大利北部、中部和南部的脆弱性状况。也有学者将城市脆弱性分为资源脆弱性、生态环境脆弱性、经济脆弱性和社会脆弱性，对其分别建立指标，研究城市各系统脆弱性和城市综合脆弱性的动态演变特征（王岩和方创琳，2014）。该方法具有操作简单的优点，因此应用广泛。但存在需要数据量大、获得较困难，权重主观性赋值多，客观性和有效性有待验证等缺点。

（2）脆弱性函数模型评价法。在理解研究系统脆弱性内涵的基础上，辨析出脆弱性组成要素，根据组成要素之间的相互作用关系构建脆弱性评价函数模型。Luers 等（2003）认为系统脆弱性是由系统内的一些变量对扰动的敏感性和面临伤害的临界值程度构成的函数，可用两者比值的期望来表示脆弱性的估量。李博等（2012）通过选取敏感性指标和恢复性指标，构建了脆弱性评价函数模型，探讨了环渤海地区脆弱性在时间维度、空间维度的演变规律。该方法在建立模型的过程中严格依据脆弱性的内涵，抓住脆弱性各构成要素之间的相互作用关系，从脆弱性形成机制和特征出发，建立脆弱性评价函数模型。与指标评价法相比，脆弱性函数模型评价法更加客观合理，已得到越来越多学者的广泛关注。

（3）图层叠置法。图层叠置法是基于 GIS 技术发展起来的一种脆弱性评价方法，可分为脆弱性不同组成要素图层的叠置和不同扰动下脆弱性图层的叠置。有研究者结合 GIS 技术与遥感技术，揭示土壤由于受到抗生素污染而产生的脆弱性空间格局并进行了区划（de la Torre et al.，2012）。Parizi 等（2019）将地下水的水力坡度、人类活动等特征参数作为相关模型的影响因子，并借助图层叠置法实现精确划分海岸带含水层受到海水入侵后的脆弱性空间分布格局。该方法可通过远程操作获取图层信息，在外部扰动下运用仿真、建模等方法评价系统脆弱性，有利于揭示脆弱性空间分布格局和识别脆弱性的热点区域，为政府制定减缓脆弱性的方案提供决策支持。但该方法的技术性较强，实施成本较高，不可预测因素多。

（4）模糊物元评价法。该方法通过计算各个研究区与选定参照状态的相似程度来判别各研究区的相对脆弱程度（李鹤等，2008）。邹君等（2007）依据农业水资源脆弱性的内涵，确定农业水资源脆弱度分级标准和不同脆弱度级别临界值，即依次分为不脆弱、微脆弱和强脆弱；在此基础上，运用模糊物元模型对衡阳盆地 7 个县（市）的农业水资源脆弱度进行评判。祝云舫和王忠郴（2006）运用模糊集贴近度理论构建了城市风险程度排序，即最优序城市、中序城市、最劣序城市 3 个数学模型，为防范城市环境风险、提高城市环境风险管理科学化水平提供了科学依据。该方法不是将多个指标综合成一个指数，不考虑变量之间的相关关系，充分利用原始变量的信息。但该方法对参照单元的界定缺乏科学的合理性，主观性强，评价结果只能反映研究区脆弱性的相对大小，难以反映脆弱性空间差异的决定因素及脆弱性特征等方面的客观真实信息。

（5）仿真分析法。这类方法以系统动力学方法和复杂网络理论为典型代表。这两种方法都是从系统视角将研究对象脆弱性的评价过程看成一个整体来对待。系统动力学是一个"白箱"模型，注重探讨系统内部各变量之间的反馈结构关系来研究系统整体行为。系统动力学方法通常能解决较为复杂的多指标间相互作用关系的评估，例如，袁朋伟等（2014）在脆弱性研究框架下建立了气候变化条件下的城市脆弱性变量系统，该系统由三个维度（暴露、敏感以及适应能力）与六个类别（环境扰动、社会压力、自然环境、社会经济、水资源、调适/回应）组成，通过剖析它们之间的因果互动关系建立系统动力学模型，仿真三种情境下各指标变量的变动情况及其对整个系统的影响。复杂网络理论是研究自然或人类复杂系统的一种理论和方法，通过抽象和描述复杂系统中个体相互关联的拓扑结构，从而理解复杂系统脆弱性的变化规律（汪小帆等，2006）。复杂网络的研究现状在下面将详细叙述。

此外，还有学者采用集对分析模型、神经网络理论、突变理论、数据包络分析（data envelopment analysis，DEA）模型等进行脆弱性评价。

三、复杂网络研究进展

自然界和人类社会存在大量的复杂系统，这些系统是由微观层次的海量个体组成的，个体之间存在着相互作用，如物理作用、化学作用、论文相互引用关系、朋友关系等。网络是描述复杂系统的工具，即将系统中的个体抽象为网络节点，将个体之间的作用关系抽象为节点之间的边，复杂系统可采用复杂网络来描述。现实生活中，Internet、万维网、电力网络、地震网络、代谢网络以及科学引文网等都是复杂网络。

（一）复杂网络研究现状

1. 复杂网络研究发展简史

以图论为基础的复杂网络研究在 20 世纪初产生重大影响，一般认为始于 1736 年著名瑞士数学家欧拉提出并解决的哥尼斯堡七桥问题。他利用数学抽象法，将七桥问题转化为数学问题：从图 1-1 中任一点出发，经过每条边一次后，返回原点的回路是否存在？从而开创了数学中的一个分支——图论（graph theory）的研究。第二次发展是 20 世纪 60 年代匈牙利数学家 Erdŏs 和 Rényi（1960）发现随机图的很多特性是随着其规模增大而突然涌现的，使得边的出现成为概率事件，简称 ER 随机图理论（random graph theory）。ER 随机图理论被认为开创了复杂

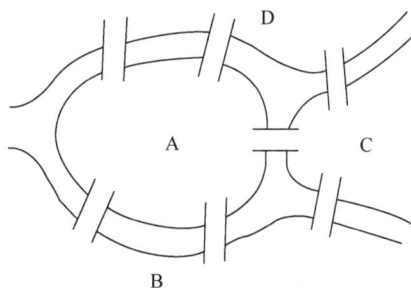

图 1-1　哥尼斯堡七桥问题图示

网络理论的系统性研究，20 世纪后 40 年中，ER 随机图理论一直是研究复杂网络的基本理论。第三次突破性进展以小世界网络模型和无标度网络模型的提出为标志。1998 年 6 月，美国康奈尔（Cornell）大学理论和应用力学系的博士生 Watts 及其导师 Strogatz 在 *Nature* 杂志上发表了题为《"小世界"网络的群体动力行为》（*Collective dynamics of "small-world" networks*）的文章，提出小世界（small world）网络模型（即 WS 模型），描述了小世界网络既具有规则网络的高聚类特性，又具有与随机网络类似的较小平均路径长度；1999 年 10 月，美国圣母（Notre Dame）大学物理系的 Barabási 教授和博士生 Albert 在 *Science* 上发表了题为《随机网络中标度的涌现》（*Emergence of scaling in random networks*）的文章，提出无标度

（scale-free）网络模型（即 BA 无标度网络模型），揭示无标度网络存在少量连接数极高的 Hubs 节点的演化机制，以及无标度网络度分布的幂律特性。这两篇文章的发表打破了 ER 随机图理论长达 40 年的统治地位，同时宣告了现代复杂网络新的分支学科诞生，进而掀起了复杂网络研究空前的浪潮。复杂网络研究发展简史概括为表 1-1（汪小帆等，2006）。当前，复杂网络已经成为系统科学以及复杂性科学研究的重要内容。作为一种研究手段和方法，其研究已经渗透到生物学、医学、计算机科学、社会学、管理学和生态学等众多领域，目前已成为复杂性科学的研究热点。

表 1-1　复杂网络研究发展简史

时间	人物	事件
1736 年	Euler	哥尼斯堡七桥问题
1960 年	Erdős 和 Rényi	ER 随机图理论
1967 年	Milgram	六度分离实验
1973 年	Granovetter	弱连接强度
1998 年	Watts 和 Strogatz	小世界网络模型
1999 年	Barabási 和 Albert	无标度网络模型
2001 年	Dorogovtsev 和 Mendes	演化网络模型

2. 网络拓扑结构研究现状

网络拓扑研究方面，Newman 和 Watts（1999）以随机化加边取代随机化重连，提出了相应的 WS 改进模型。鉴于实际生活中大多数实际网络幂指数为 1～4，许多研究者通过修正 BA 无标度网络平稳增长和线性优先连接的假设条件，改变增长函数和择优概率，提出适应度模型（Bianconi and Barabási，2001）、对数增长模型（Shi et al.，2005）等一系列模型。此外，有的研究者通过采用内部连线重新连接或增减原有连接来拓展 BA 无标度网络模型，构建相应的演化网络模型，如 Shi 等（2006）提出的优胜劣汰模型。结构脆弱性是网络拓扑结构研究的一个重要方面。结构脆弱性是指网络中部分节点或者边受到外部攻击后对网络性能的影响。例如，Albert 等（2000）比较了 BA 无标度网络节点在受到随机攻击和蓄意攻击后，其最大连通子图和平均路径长度的变化趋势，结果表明，无标度网络对随机攻击表现出鲁棒性，对蓄意攻击表现得很脆弱。

3. 网络动力学行为研究现状

研究复杂网络的拓扑特征是为了更好地理解和解释网络上的动力学行为，从而对现实系统加以控制。网络动力学行为一般是建立在网络上的系统动态性质。有研究者总结了复杂网络动力学系统同步的研究进展，主要包括复杂网络同步的稳定性分析、复杂网络上动力学系统同步的特点、网络的几何特征量对同步稳定性的影响等（赵明等，2005）。级联效应（也称为相继故障）是复杂网络的一种典型现象，是网络科学领域的研究热点。级联效应是指网络中某个节点受到攻击后，引发"多米诺骨牌"效应，借助节点之间的相关关系引起其他节点相继故障，最终造成网络大面积崩溃的后果（Hills，2005）。如电网大面积瘫痪、地震等都是级联效应。有研究者从网络实际拓扑结构出发，设定网络负载重新分配规则，建立复杂网络级联失效模型。Crucitti 等（2004a）将节点介数作为负载，并通过边的权值变化定性模拟网络中负荷的动态分配，提出有效性能模型来探讨网络结构的脆弱性。段东立等（2013）提出一种可调负载重分配与负载重分配异质性的复杂网络级联失效模型，研究结果表明，合理调节控制参数可以显著提高复杂网络的抗毁性，以抵御级联失效。也有研究表明，网络中少数关键节点或关键边的故障是引发级联效应进而对系统整体稳定性、安全性造成严重影响的重要原因。Motter 和 Lai（2002）分析了攻击单个节点引起的连锁故障对电力系统网络的影响，通过对美国西部电网进行仿真发现攻击介数大的节点引起的故障比攻击度数大的节点引起的故障更为严重。

（二）复杂网络在土地系统脆弱性中的应用研究现状

复杂网络自提出以来，针对复杂系统脆弱性的研究工作在许多领域展开，包括计算机网络安全、基础设施系统、工业生态系统、供应链网络等方面。Ouyang 等（2009）从复杂网络视角，建立了方法学来深入分析关联基础设施系统的结构脆弱性和生态功能脆弱性，提出结构脆弱性有助于长期对网络结构进行改善，而生态功能脆弱性在短期内对网络性能提高是有利的。Li 和 Xiao（2017）运用复杂网络理论，通过蓄意攻击负载最大节点情景，构建级联效应模型，进而依据网络拓扑效率和最大连通子图对网络脆弱性进行分析。于鲲鹏等（2014）针对现代生产模式下供应链网络结构复杂且具有明显脆弱性等问题，设计了供应链脆弱性加权模型的节点收缩方法，提出一种针对供应链网络结构脆弱性的分析方案。

土地系统由多种土地利用类型构成，同时快速城市化进程导致不同土地利用类型之间转化频繁，形成较复杂的关系，具有复杂系统的特征，其整体功能不能局限在还原论的框架内讨论。复杂网络作为大量真实复杂系统的高度抽象（汪小帆等，2006），为土地系统这一类复杂系统的脆弱性研究提供了新的理论和方法。目前，国内外依据复杂网络理论对土地系统进行研究特别是对土地系统脆弱性进行研究处于起步阶段，相关文献较少，主要集中在对土地系统拓扑结构统计特征及稳定性的研究（武鹏飞等，2012；He et al.，2017；Zhang et al.，2016）。He等（2017）探讨了由地震导致的山体滑坡对土地覆盖拓扑特征的影响，发现土地利用网络满足幂律分布，山体滑坡将改变土地利用变化网络的拓扑参数。武鹏飞等（2012）从土地利用系统整体角度出发，将土地利用/覆盖变化过程的转移矩阵抽象成网络，依据复杂网络拓扑统计指标，如度、平均路径长度、介数、出度/入度等，识别 LUCC 过程中的关键变化地类，评价土地利用系统的稳定性。Müller-Hansen 等（2017）耦合了复杂网络方法与马尔可夫链来揭示土地利用网络动态行为，评估区域土地利用转移概率并识别主导的土地利用类型转换。而对土地系统网络级联效应产生的网络脆弱性的研究才刚起步，且建立的是静态模型。进一步结合最新的复杂网络动力学研究成果开发出适合土地系统网络的动态模型，将是今后土地系统脆弱性研究的重要方向。

第三节　研究内容、拟解决关键问题及创新点

一、研究内容

本书立足于快速城市化对土地生态系统服务功能的现实需求，为快速城市化区域生态安全防御提供理论基础。研究快速城市化区域土地利用/覆盖变化及驱动因素，以及快速城市化扰动下的土地系统整体脆弱性评估、影响机制及减缓脆弱性的策略，并以武汉市为案例进行研究。本书主要研究内容如下。

1. 快速城市化背景下土地系统脆弱性研究理论基础

此部分对快速城市化背景下土地系统脆弱性研究涉及的基础理论进行阐述。主要包括系统科学理论、人地系统理论、复杂网络理论、脆弱性理论和城市化相关理论五个部分。

2. 快速城市化区域土地利用/覆盖变化及驱动因素分析

此部分利用中国科学院资源环境科学数据中心（Resource and Environment Science and Data Center，RESDC）的全国土地利用数据库，包括耕地、林地、草地、水域、建设用地和未利用地 6 个一级土地利用类型，以及研究区武汉市 6 个时期（1990 年、1995 年、2000 年、2005 年、2010 年、2015 年）的土地利用/覆盖数据，借助 GIS 技术提取获得 5 个时期的转移矩阵，分析研究期间土地利用/覆盖变化趋势，并采用偏最小二乘（partial least squares，PLS）法探讨土地利用/覆盖变化自然因素和人为因素的驱动机制。

3. 快速城市化区域土地系统整体脆弱性评估

此部分从土地系统脆弱性形成机制出发，结合脆弱性内涵，提出土地系统"双层结构"脆弱性分析模型。以 1979 年 Holdgate 提出的"源-路径-受体"（source-pathway-receptor，SPR）概念模型为基础，耦合"源"对"受体"的影响，建立"源-路径-受体-影响"（source-pathway-receptor-consequence，SPRC）概念模型框架。在 IPCC 关于脆弱性定义的框架下，构建土地系统脆弱性、暴露、敏感和适应能力之间的函数关系，提出土地系统整体脆弱性评价模型，并分析研究区暴露、敏感、适应能力、脆弱性时空变化分异特征，探讨脆弱性时空异质性的驱动因素，为不同区域采取具有针对性的减缓措施提供重要基础。

4. 快速城市化对土地系统结构脆弱性影响研究

此部分首先对土地系统复杂性特征进行分析，阐述复杂网络方法在土地系统中的适用性；其次从网络拓扑结构出发，将土地系统抽象为由不同土地利用类型（节点）和不同土地利用类型之间转换关系（边）构成的有向有权网络，定量描述研究区武汉市 1990~2015 年的拓扑特征；最后提出识别土地系统中重要土地利用类型和土地利用类型转换的方法，并设定网络拓扑结构攻击策略，构建级联效应模型，探讨快速城市化对土地系统结构脆弱性的影响机制。

5. 快速城市化对土地系统生态功能脆弱性影响研究

系统结构决定系统功能。在对土地系统结构脆弱性进行研究的基础上，需进一步研究快速城市化对土地系统生态功能脆弱性的影响机制。此部分针对城市化特征，提出快速城市化对土地系统生态功能脆弱性的影响主要源于城市土地扩张的假设，从流量与存量的视角，提出生态系统服务流分类准则和依据，构建分析框架来解释城市化进程如何使土地系统的生态功能退化；考虑复杂网络中不同土地利用类型（节点）攻击策略，提出将攻击前后生态系统服务价值变化作为土地系统生态功能脆弱性的度量指标，并采用生态负载熵指标探讨土地系统复杂网络在级联失效传播过程中脆弱性的动态行为，比较生态系统服务价值变化与生态负载熵，以衡量生态系统功能脆弱性的优劣势，提出综合度量土地系统生态功能脆弱性的条件。

二、拟解决关键问题

1. 快速城市化扰动下的土地系统"双层结构"脆弱性分析模型

当前，快速城市化已经对土地系统生态服务功能造成损害和削弱，但脆弱性为什么会发生，发生的过程如何？现有研究主要关注脆弱性的内涵及评估，鲜有研究明确脆弱性的对象特征、边界和范围，不能解释脆弱性的形成过程，更不能提出减缓土地系统脆弱性的对策。如何从土地系统特征出发，分析脆弱性形成机制，结合脆弱性的内涵，建立快速城市化扰动下的土地系统"双层结构"脆弱性分析模型是本书需要解决的关键问题之一。

2. 土地系统网络描述与结构脆弱性度量模型

客观、正确地描述土地系统网络拓扑结构是土地系统脆弱性研究的重要前提。现有复杂系统的网络拓扑特性研究都建立在一般的网络结构上，需要探讨复杂网络理论在土地系统脆弱性分析中的适用性。如何结合土地系统特性，识别土地系统中的各类型成员（节点），确定各类型成员（节点）的关联关系，建立土地系统的网络描述模型，设定网络的攻击策略，提出结构脆弱性定量度量模型，是研究快速城市化对土地系统结构脆弱性影响机制的重要前提，同时也是本书需要解决的关键问题之一。

3. 土地系统运行机制分析与生态功能脆弱性度量模型

土地系统运行好坏直接影响着其功能的发挥，因此对土地系统运行机制进行分析是土地系统功能研究的重要前提。结合土地系统网络描述模型，耦合不同土地利用类型赋予的不同类型的生态系统服务功能，如何借助环境经济学相关理论对土地系统运行机制进行分析，提出有效的生态功能脆弱性定量度量指标，是研究土地系统生态功能脆弱性影响机制的重要前提，同时也是本书需要解决的关键问题之一。

三、创新点

本书创新性地将脆弱性分为具有递进关系的结构脆弱性和生态功能脆弱性，建立快速城市化扰动下的土地系统"双层结构"脆弱性分析模型。试图突破以往研究中脆弱性分析局限于静态、单向的思路，突出脆弱性形成的动态特性和反馈过程。

本书引入复杂性科学的先进理论与方法——复杂网络理论，构建土地系统网络级联失效传播模型，探讨快速城市化对土地系统结构脆弱性和生态功能脆弱性的影响机制问题。并采用环境经济学中存量-流量分析方法，将不同土地利用类型赋予的生态系统服务功能进行生态和非生态的分类，解决土地系统运行的机制问题。

第四节　研　究　方　案

一、总体思路

本书所需的快速城市化研究区武汉市的数据主要有多期 Landsat TM 遥感影像图、数字高程模型（digital elevation model，DEM）、基础地理信息数据（行政区、河流、道路等）、土地利用数据、第二次全国土地调查成果及更新调查数据、归一化植被指数（normalized difference vegetation index，NDVI）、气象数据（降水、温度、风速、相对湿度等）、统计数据（人口、地区生产总值、粮食、油料、蔬菜等），并对数据进行预处理，用于支撑本书研究内容的开展。

本书在借助中国科学院资源环境科学数据中心的全国土地利用数据的基础上，对研究区武汉市土地利用/覆盖变化时空格局及驱动力进行分析；通过文献分析和理论研究，建立快速城市化扰动下的土地系统"双层结构"脆弱性分析模型，实现研究区土地系统暴露、敏感、适应性以及脆弱性评估和时空变化分异特征分析；以复杂网络理论与方法为基础，结合环境经济学理论和物理学的熵理论，借助计算机模拟手段，构建土地系统网络拓扑模型，比较分析不同城市化发展模式和不同投入管理成本对土地系统结构脆弱性和生态功能脆弱性的影响机制。

二、技术路线

本书系统梳理国内外快速城市化背景下土地系统脆弱性相关研究的理论基础和评估方法，包括系统科学理论、人地系统理论、复杂网络理论、脆弱性理论以及城市化相关理论等；借助中国科学院资源环境科学数据中心的全国土地利用数据库，利用遥感（remote sensing，RS）和 GIS 技术对研究区武汉市土地利用/覆盖变化时空格局及驱动力进行分析；以系统科学理论为基础，结合脆弱性的内涵，探讨快速城市化背景下土地系统脆弱性的形成机制；综合复杂网络理论与方法、环境经济学理论以及物理学的熵理论等揭示快速城市化对土地系统结构脆弱性和生态功能脆弱性的影响机制，提出减缓土地系统脆弱性的措施，充实土地生态安全管理理论，为快速城市化背景下土地资源可持续利用提供决策支持。

本书的总体研究框架如图 1-2 所示。

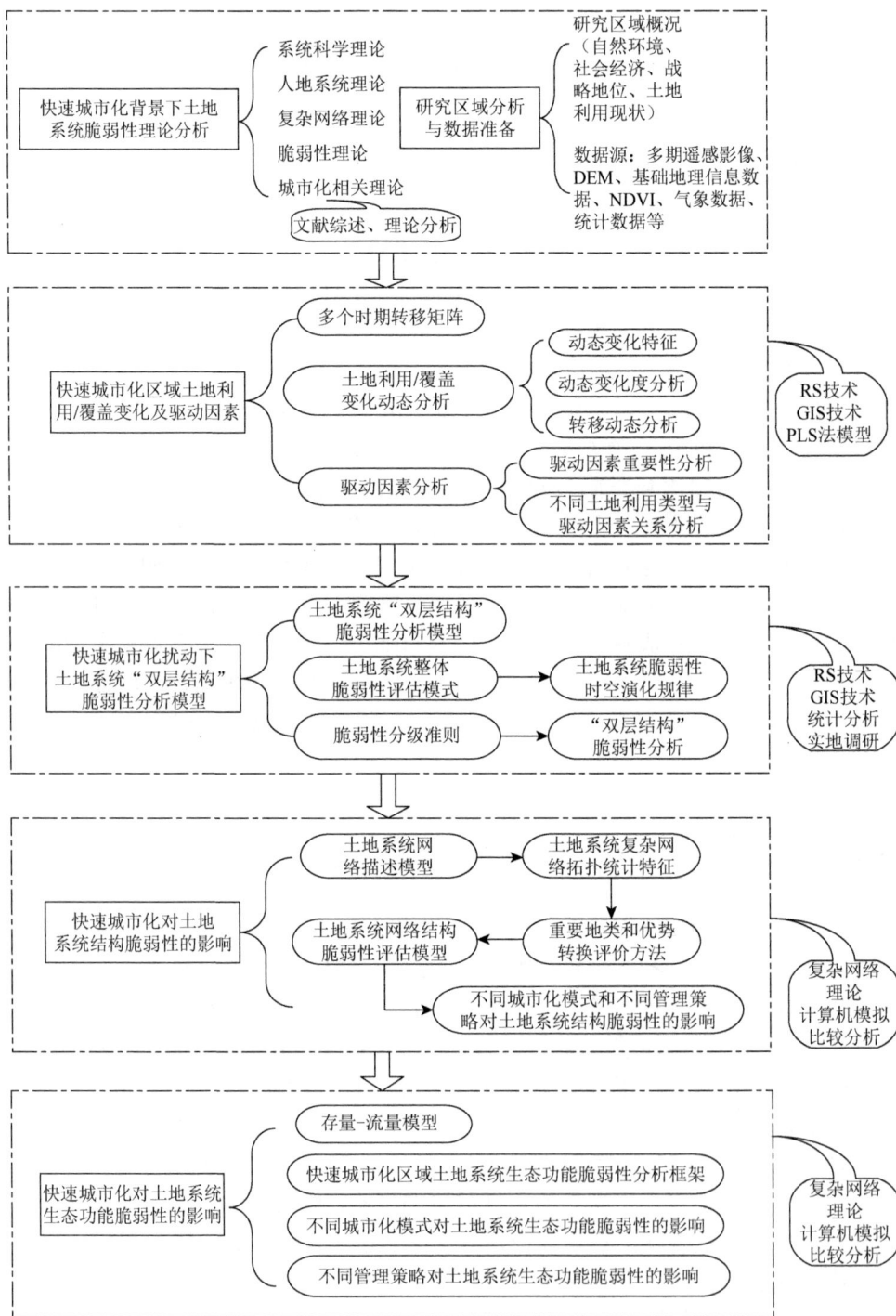

图 1-2　技术路线图

第二章 理 论 基 础

第一节 系统科学理论

系统思想（system thought）是指关于事物的整体性观念、相互联系的观念和演化发展的观念。系统科学（system science）作为一门新兴学科，经历了孕育、形成和发展的过程。在系统科学中，系统是最基本的概念，它是系统科学的逻辑起点。系统科学方法论的定性描述与定量描述结合、还原论与整体论结合、系统分析与系统综合结合等成为解决世界上一般系统问题的钥匙。我国著名学者钱学森提出"开放的复杂巨系统"，进一步推动了系统科学的发展。土地系统与现代系统科学理论的耦合，已经成为系统科学理论研究中的一个重要领域。

一、系统科学发展演进

人类对系统的认识可追溯到古希腊和古代中国朴素的系统观。古代唯物主义思想家都从承认统一的物质本原出发，把自然界当作统一体。古希腊辩证法奠基人之一赫拉克利特（Heracleitus）在《论自然界》一书中说："世界是包括一切的整体。"中国的《易经》和《老子》包含了丰富的系统思想，如老子强调自然界的统一性。然而，古代人类对系统的认识没有达到抽象分析的高度，客观世界的科学知识还包含在哲学之中。到近代，随着各学科分支，如力学、天文学、化学、生物学等从哲学中独立出来，人们开始将自然界中许多细节问题从客观世界中抽象出来，采用分门别类的方式进行研究。科学家开始不断将研究对象还原为更深层次的元素，知识领域不断细化为更专门的学科分支，还原论、机械论取代了朴素的系统论和整体论，成为近代科学界主要的思维方式。19 世纪上半叶，以能量转换、细胞学说和进化论为代表的自然科学的三个重大发现，让人类从自然界细节认识初步转变到以系统方式描绘自然过程的相互联系和整体性特征的总画面。

现代系统科学理论是 1948 年由美籍奥地利生物学家冯·贝塔朗菲首创的，一直到 1968 年发表《一般系统论：基础、发展与应用》，才标志着系统科学理论被学术界认可（常绍舜，2011）。冯·贝塔朗菲（1987）认为，系统科学是由一般系统论（狭义）和一些专门系统（如物理系统、生物系统、心理系统、社会系统）

理论组成的。市川惇信认为，系统科学是以有组织的复杂系统为研究对象的科学。20 世纪 70 年代后期，我国著名控制论学者钱学森发表了大量关于系统科学的论著，提出了关于系统科学体系的框架，推动了系统科学的发展。他认为："系统思想要建立一个完整的科学体系，就是系统科学。"在社会各界提出大系统概念和建立大系统理论的背景下，社会经济、生态环境等系统成为研究对象，人类发现存在比大系统规模更大的系统。20 世纪 70 年代末，钱学森在论述社会系统工程时指出："这不只是大系统，而是'巨系统'，是包括整个社会的系统。"这是学术界第一次提出"巨系统"的概念。特别是其提出的"开放的复杂巨系统"，为推动系统科学发展、积极探索建立开放的复杂巨系统理论做出了贡献。

二、系统科学基本概念

系统是系统科学最基本的概念。一般系统论创始人冯·贝塔朗菲认为系统是相互联系、相互作用的诸多要素综合体（Bertallanffy，1973）。这表明系统是两个或两个以上的元素相互作用而形成的统一整体，元素是构成系统的最小部分，即元素是不可再划分的单元。Distefano 等把系统定义为彼此之间相互联系和相互关联的各种实物的排列、集合或汇集，其相互联系和相互关联的方式使它们组成某种统一体和整体。系统具有多元性、相关性、整体性和层次性等基本特征。多元性是指系统是由许多不同的多元化有差异的元素构成的一个集合。相关性是指系统中不存在与其他元素无关的孤立元素或成分，所有元素按一定方式相互联系、相互作用。整体性是由系统多元性元素的相关性产生的，系统观念强调研究对象的整体性，从整体上认识和处理问题。系统会产生出它的组分和组分综合所没有的新性质，这就是系统整体突现原理，即整体大于部分之和，这是系统科学的理论基石。层次性用来刻画不同层级系统质的差别，在多级层次系统中，子系统是按层次划分的。按系统规模划分，系统有小系统、大系统和巨系统之分，按照系统结构简单与否可划分为简单系统和复杂系统两类。

结构和功能是系统存在的基本属性。结构指系统内部不同组成要素之间相对稳定的联系方式、组织模式及其时空关系的内在表现形式。功能指系统通过系统行为引起某些对系统或系统环境有利的作用，是系统内部相对稳定的联系方式、组织模式及其时空关系的外在表现形式。系统结构和系统功能是相互区别的。系统结构决定系统功能，系统结构是系统功能的基础，系统功能依赖于系统结构。合理的系统结构才能发挥良好的系统功能（袁靖，2019）。系统科学的基本思想就是把研究对象看作一个系统，分析系统结构和功能，研究系统、要素和环境之间的相互关系和变动规律（魏宏森和曾国屏，2009）。

三、系统科学方法论

　　方法论（methodology）是指人们认识世界、改造世界的一般方法。系统观点将世界万物作为系统来认识和探讨，即回答"是什么"的问题。系统科学方法论是采用什么方式和方法来认识和处理所关注的系统，即回答"怎么做"的问题。自冯·贝塔朗菲发表一般系统论以来，人们从自发到自觉地应用系统观点、系统思路和系统方法解决实际问题，研究和探索出一大批新方法。从最先的"老三论"扩充到"新三论"，且已经成为系统科学方法论的主要组成部分。"老三论"包括一般系统论、控制论和信息论，简称 SCI（system，control，information）论。"新三论"包括耗散结构理论、协同论和突变论，简称 DSC（dissipative structure，synergy，catastrophe）论（侯倩，2014）。系统科学方法论的精髓体现在理论方法与经验方法相结合、还原论与整体论相结合、确定性描述和不确定描述相结合、定性描述和定量描述相结合、精确方法与近似方法相结合、系统分析与系统综合相结合等（黄欣荣，2010）。

　　（1）定性描述与定量描述相结合。认识和探讨系统需要定性描述和定量描述相结合，这是因为任何系统都有定性特性和定量特性两方面。定性描述是定量描述的基础，在对系统有定性认识以后，我们才能正确地用定量手段进行描述。定量描述必须借助数学工具，如动力学方程、几何方法、拓扑方法等来实现。钱学森等学者提出用"从定性到定量的综合集成方法"方法论来解决开放的复杂巨系统问题。这一方法论的提出大大推动了系统科学界对定性定量结合方法论的研究，具有积极重要的理论意义和实践意义。

　　（2）还原论与整体论相结合。系统科学的发展过程表明："没有还原论不行，不能科学地了解系统内部精细结构；没有整体论不行，不能从整体上把握事物并解决问题。科学的态度就是把还原论与整体论结合起来"（许国志，2000）。钱学森（1996）认为系统论是还原论和整体论的辩证统一。还原论强调认识整体必须认识部分，用部分说明整体、用低层次说明高层次，再把它们累加、整合，揭示大自然的奥秘。然而，任何复杂系统都具有由组成元素的动态非线性相互作用涌现出来的整体特性，称为整体涌现性。冯·贝塔朗菲认为当我们对生物中各个分子都了解清楚时，对生物的整体图像反而模糊了。因此，探索和研究复杂系统时必须超越还原论，发展整体论，实现还原论与整体论的有机结合与内在统一，即从古代朴素整体论到近代还原论，从近代还原论到现代系统论，呈现螺旋式上升。

　　（3）系统分析与系统综合相结合。要了解和认识一个系统，必须对其进行系统分析。一是分析系统处在什么样的环境中，该系统对于环境有什么功能；二是根据系统功能结构划分子系统或局部成分；三是确定这些子系统或局部成分之间以什么样的关联方式相互作用。分析–重构方法主要用于系统研究，对一个系统进行层次分析，从局部出发认识系统整体性，以数学工具为基础描述系统行为，系统综合需要解决的问题，综合分析的任务是把握系统整体突现性。

四、土地系统论

土地在不同的学科有其特殊的概念。自然科学对土地（系统）的概念是，土地是地球表面的一个特定区域，其特性包括与这一区域上下垂直的生物圈相当稳定或可以预见的、周期循环的所有属性，以及过去和现在人类活动的结果（马克伟，1991）。系统论有关土地（系统）的概念是，土地是由耕地、林地、草地、水域、建设用地和未利用地等子系统组成的大系统，由生物成分和非生物成分共同组成，并借助于能量与物质流动转换而成的不可分割的有机整体（王万茂，2006）。土地系统作为自然界和人类社会紧密联系的系统，具有一般系统所具备的基本属性——结构和功能，土地系统结构是其存在的基础，同时决定了土地系统功能的发挥。在快速城市化区域，由于城市建设扩张的需求，土地系统的组成元素之间发生转换，主要是生态用地（如水域、林地、草地等）向建设用地转换，土地系统内部结构发生变化，影响土地系统某些功能的发挥，如食物供应、洪水调节、固氮能力、气候调节、生物多样性等。

快速城市化进程引发土地系统结构发生一系列变化，结构的变化会导致土地系统功能特别是生态功能的退化，即出现土地系统脆弱性问题。土地系统脆弱性问题是一个复杂问题，需要采用系统观点来探讨，如采用还原论与整体论相结合的观点对土地系统结构进行分析，系统结构的合理性、科学性、安全性直接或间接地影响到整个土地系统功能的实现；整个土地系统又是社会经济系统的构成要素。根据系统整体突现原理，土地系统总体功能并不是各个子系统功能的总和。各个子系统之间存在着相互影响，即"外部性效应"，土地系统总体功能大于还是小于各个子系统功能的总和，取决于系统结构的好坏。因此，根据系统论基本原理，从系统角度把握土地系统的结构和功能，探索土地系统的运行机制，以及与社会经济发展之间的相互作用机制，对于分析土地系统脆弱性的形成原因以及缓解脆弱性具有一定的指导意义。

第二节　人地系统理论

"人地关系"是人类社会及其活动与自然地理环境之间的交互作用，是具有社会和历史特性的辩证关系（吴传钧，1991）。人地系统问题历来是人类社会永恒的主题之一，随着人类社会的进化、人口的激增，人类活动和地理环境的关系不断向广度和深度发展，环境恶化和资源短缺等问题日益突出。在此背景下，发展与完善人地系统思想体系，总结归纳出人地系统内涵，对于人地系统协调共生、人类命运共同体发展具有重要意义。

一、人地系统思想的演变

中国人地关系的萌芽早于西方国家，主要停留在治国理政或人类生存的论述与哲学层面（王爱民和刘加林，2001）。春秋战国时期出现多种人地观，有"天命论"、机械唯物论，以及朴素的辩证唯物论。《易经》提出人地关系协调发展应遵循基本的自然规律，人地和谐发展是自然的应有之义，将人地关系理论上升到了哲学高度（吴传钧，1991）。在17世纪至20世纪初的西方国家，人文地理学领域出现两个具有代表性的人地关系理论学说：一是法国孟德斯鸠（Montesquieu）、德国拉采尔（Ratzel）以及美国森普尔（Semple）等倡导的地理环境决定论；二是英国马尔萨斯（Thomas Robert Malthus）倡导的人口论，强调人口增殖对社会发展的抑制作用。该人口论在很大程度上引发了后来西方人口论的兴起，并使人口论逐渐取得人地关系理论的主导地位（曲福田，2011）。

人地关系的发展过程中，系统整体观念、层次与整体间的辩证关系，对人地关系思想的演变有着重要意义（程钰，2014）。人地系统中，土地是自然给定的，人口因素是可变的，人口与土地是否协调发展的问题是人地关系的重要问题，人地系统思想发展的历史，就是围绕这一中心问题展开的（陆大道和郭来喜，1998）。人地关系是一种理论思维，需要以辩证法观点，采用系统动态分析方法，建立辩证唯物主义人地关系观。马克思主义认为人类活动和地理环境是相互联系、相互作用的，双方通过物质交换过程而产生紧密关系，这为正确对待和处理人地关系指明了方向。1983年起，我国学者钱学森先生提出以"从定性到定量的综合集成方法"研究人类社会与自然界组成的开放复杂巨系统及其功能与结构，并强调这是地学重要的基础研究。此后，黄秉维先生多次强调地球系统科学研究工作的重心是要揭示"人与自然的相互作用规律及应采取的对策"。吴传钧先生将系统论思想引入地理学研究中，提出"人地关系地域系统"是地理学研究的特殊领域和中心课题。这些论断形成了从"地球表层系统"到"人地关系地域系统"再到"区域可持续发展"的一条地理学研究主线，使地理学对人地关系的研究落实到地域尺度（陆大道，2002；樊杰，2018）。

二、人地系统的内涵与特征

"人地关系地域系统"的概念是一个不断变化发展的过程。吴传钧（1998）指出人地系统是由地理环境和人类活动两个子系统交错构成的开放复杂巨系统，其内部也具有一定的结构和功能机制。具体来讲，"人地关系地域系统"主要是以地球表层一定地域为基础的人地关系系统，也就是人与地在特定的地域中相互联系、相互作用形成的一种动态结构（杨青山和梅林，2001）。人类活动与自然资源环境存在着多种直接反馈作用，主要表现在两方面：一是自然资源对人类活动的促进作用和自然灾害对人类活动的控制作用；二是人类对自然系统投入可控的资源（吴传钧，1991）。我国部分学者对人地系统的认识主要体现在"人"的系统与"地"的系统相互作用与相互影响，并指出两者是由自然因素和人文因素构成的复杂巨系统（贾绍凤，1997；申玉铭，1998）。例如，贾绍凤（1997）认为人地系统是自然环境和人类社会构成的复合系统；申玉铭（1998）指出人地系统是以人类与人类社会活动为一方，以地球表层含有的水、岩石、大气、生物、矿物为另一方，组成的人与地之间的相互作用、相互制约的开放和动态的复杂巨系统。

　　人地系统的特征包括整体性、开放性、地域性、层次性、协调性以及复杂性等。①整体性：这是人地系统最基本的属性和最首要的特征。人地系统由自然、社会以及经济等诸多因素组成，其整体功能是通过各个要素复杂的非线性相互作用所表现出来的，具有各个要素所不具有的属性。人地系统的协调发展，不是自然生态系统、经济系统或社会系统的单纯发展，而是各个子系统以及系统内部整体协调发展的过程，实现整体最优是系统的最终目标（许德祥和庞元正，1989）。②开放性：人地系统是一个开放的复杂巨系统，系统内外部进行频繁的人员、物资、能量、资金、技术、信息的交流，在人地系统内部复杂的反馈作用下，其呈现出不稳定、非线性及不平衡状态的耗散结构特征（毛汉英，2018）。人地系统内部各个子系统之间、人地系统内部各个要素之间以及人地系统与系统外部环境之间不断地进行物质循环、能量流动和信息交换。人地系统的开放性要求我们不仅要研究系统内部要素对系统结构和功能的影响，还要研究系统外部条件变化对系统的影响机理、作用方向与趋势及其一般规律（杨青山和梅林，2001）。③地域性：地球表层不同地域的自然条件和人文景观等存在较大差别，空间异质性明显。区域差异性进一步造成了人地系统的多样性，例如，按照生态环境综合承载力、国土开发强度、人类经济活动布局等标准，可以划分出不同的人地系统类型。在制定人地关系系统调控战略时，应充分考虑不同地域发展目标的时序性和阶段性等特点，总结区域可持续发展的地带性规律，实现区域发展要素的优化配置以及区际之间的相互协作与相互协调。④层次性：人地系统是一个具有层次性的系统，主要表现在两方面：一是系统自身发展目标的层次性，可分为系统整体发展目标、子系统发展目标以及各个要素发展目标等；二是不同尺度之间人地系统发展功能的层次性，在整体区域里，每个部分都根据自身特点与层次地位承担着自身的责任和任务，通过各自功能的完成来实现宏观尺度的人地协调目标。因此，在制定人地系统发展规划时，区域发展规划应与上一层次的发展规划相一致，以实现不同尺度区域的人地协调发展（程钰，2014）。⑤协调性：人地系统协调是指通过协同进化促进人地系统内部子系统之间、各个要素之间的管理达到协调状态。其内涵包括自然环境系统本身的协调、人与自然的协调、人与社会的协调、资源生产与资源消费的协调。如何解决无限的人类需求与有限的自然资源供给的矛盾，实现人地系统协调发展是当今世界面临的严峻且迫切需要解决的问题。⑥复杂性：人地系统由各种子系统构成，这些子系统之间相互联系紧密，一个子系统变化会引起其他子系统发生变化。同时，各要素之间和各子系统之间会形成线性和非线性之间的关系、力学和非力学之间的关系、物理型和信息型之间的关系、单向和多项之间的关系以及稳定与不稳定之间的关系（乔家君，2004）。

三、人地系统协调共生

（一）人地系统协调共生内涵

1879 年，德国生物学家德贝里（Anton de Bary）最早提出"共生"（intergrowth）的概念，指不同种属按某种物质联系而生活在一起。一个完整的共生体不完全局限于两个有机体，生物学家 Scott（1969）明确提出共生是两个或多个生物，在生理上相互依存、程度达到平衡的状态。英国学者 Bennett 和 Chorley（1978）在《环境系统》一书中将共生作为人地系统相互作用关系的一种，提出人类与自然界的和平共处需要通过共生来实现，即协调共生。人地系统协调共生是将地理科学中的研究核心"人地关系地域系统"和人地关系理论的"人地协调共生"结合，形成的一个复合科学概念。该概念揭示了地理科学研究的本质。人地系统协调共生是解决好人地矛盾冲突的最基本出路。随着人类认识水平及科学技术的提高，人地关系从过去的不断从自然界获取更多的物质财富，发展到人地和谐共生、创造一个更加适合人类生活的地理环境（潘玉君和李天瑞，1995）。

（二）人地系统协调共生原理

人地系统是由人类系统与地理环境系统构成的开放系统。首先，借鉴横断科学中的耗散结构理论，构建开放系统的熵方程模型（式（2-1）），来阐释人地系统类型（潘玉君，1997）。

$$ds = ds_i + ds_e \qquad (2\text{-}1)$$

其中，ds_i 为人地系统内部的熵产生量，根据热力学第二定律可知 $ds_i \geq 0$；ds_e 为系统和环境间的熵交换引起的熵流；ds 为人地系统的熵变，可衡量人地关系状态变化，负熵越多，有序性越强，反之亦然。

当 ds<0 时，表示人地系统协调共生的有序度增加，这时 $ds_e > ds_i$，系统内部的熵产生量不抵消负熵流的输入量，且有负熵节余；当 ds>0 时，表示人地系统有序度降低，这时存在两种情况：①$ds_i > 0$，$ds_e > 0 \rightarrow ds > 0$；②$ds_i > 0$，$ds_e < 0$，但 $ds_i > |ds_e| \rightarrow ds > 0$，表明没有负熵流输入，或输入的负熵流小于系统内部的熵产生量；当 ds = 0 时，表示人地系统有序度不变，即 $ds_i = -ds_e$。

这里，分别记人类系统、地理环境系统和人地系统的熵变为 ds$_人$、ds$_地$与 ds，根据以上分析，将人地系统划分为 4 个类型、9 种状态（表 2-1）。①协调共生型：ds<0，包含 A、B、C 三种状态，最理想状态为 A（ds$_人$<0，ds$_地$<0），即人类系统和地理环境系统均向有序性增强方向发展。②警戒协调型：ds = 0，包括状态 D，是从协调共生型向人地冲突型跨越的"门槛"类型。③人地冲突型：ds>0，包含 E、F、G 三种状态，冲突最大的状态是 G（ds$_人$>0，ds$_地$>0），表示经济衰退和地理环境退化，是人地冲突的终结状态。④混沌型：ds 不确定，包括 H、I 两种状态，受人地系统复杂性影响，无法在特定时期确定其状态。

综上所述，协调共生型需要满足 ds<0，有 A、B、C 三种状态，其中最理想的状态为 A（ds$_人$<0，ds$_地$<0）。从人地系统协调共生条件出发，可从以下两个方面来解释其原理。

表 2-1　人地系统的熵变类型

人地系统 ds		人类系统 ds$_人$		
		ds$_人$>0	ds$_人$ = 0	ds$_人$<0
地理环境系统 ds$_地$	ds$_地$>0	ds$_人$>0 G ds$_地$>0	ds$_人$ = 0 F ds$_地$>0	ds$_人$<0 I ds$_地$>0
	ds$_地$ = 0	ds$_人$>0 E ds$_地$ = 0	ds$_人$ = 0 D ds$_地$=0	ds$_人$<0 B ds$_地$ = 0
	ds$_地$<0	ds$_人$>0 H ds$_地$<0	ds$_人$ = 0 C ds$_地$<0	ds$_人$<0 A ds$_地$<0

（1）熵流限制或约束：人地系统协调共生的充分条件是从外部环境不断获取负熵流，地理环境系统与人类系统之间的熵流需要一定的约束或限制。人地系统具有耗散结构，需要满足 ds = 0，即 ds$_人$ + ds$_地$ = 0，对其积分则有

$$\int ds_人 + \int ds_地 = c \quad (c \text{ 为常数}) \tag{2-2}$$

由此可知，人地系统的熵产生量与熵流是相互消长的，且两者之和是守恒的。人类系统属于耗散结构，其形成和发展依赖于地理环境不断输入的负熵。人类系

统从地理环境系统取得负熵表明 $\int ds_人$ 在增大，$\int ds_地$ 在减小，人地协调共生要求对 $\int ds_地$ 的数量和强度进行约束或限制。

（2）因果反馈关系：人地系统协调共生要求人类系统和地理环境系统之间以及人类系统和地理环境系统的内部之间建立一个有利于人类发展的因果反馈关系（方创琳，2000）。借助系统动力学理论中各子系统相互作用反馈的因果关系来阐释人地系统之间的反馈作用和自我调节作用。以 A 和 B 两个子系统为例，两者关系如图 2-1 所示。

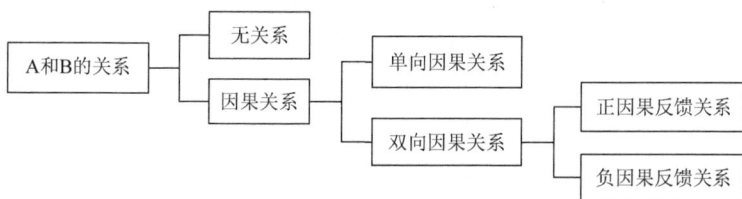

图 2-1　A 和 B 的因果关系

图 2-1 中，A 和 B 之间正因果反馈关系表示 A 增加会引起 B 的变化，B 的变化则使得 A 进一步增加。A 和 B 之间负因果反馈关系表示 A 增加引起 B 的变化，B 的变化则使得 A 减少。由此，正因果反馈关系中，系统远离初始状态发展，负因果反馈关系中，系统能够保持初始状态的稳定。

人类系统与地理环境系统构成的复杂高级系统中，自我强化的正反馈作用与自我调节维持稳定的负反馈作用间的耦合对系统的行为起到决定作用。人类作用的时间相对地理环境演化的时间而言是比较短暂的，但其作用程度比较深刻和强烈。因此，实现人类系统与地理环境系统协调共生主要在于人类对环境行为的成功干预，地理环境的反馈机制需要长期进化适应才能形成。

四、生态文明建设对人地系统的指导意义

20 世纪 60 年代以来，面临日益严峻的环境危机、生态危机，发达国家从生态环境保护的法律体系建立、产业结构转型升级、环境经济政策实施等人地系统优化路径入手，开展了长期和大量的工作，生态文明建设取得了显著成效（Lockie et al.，2009）。我国生态学家叶谦吉在 1987 年最早提出"生态文明"概念，之后，学术界开始关注生态文明的研究。党的十七大报告把建设生态文明作为实现全面建设小康社会的奋斗目标，党的十八大报告将生态文明建设归入中国特色社会主义现代化建设事业布局，党的十九大报告提出了我国生态文明体制改革的重点任务和战略目标。

当前，国家空间治理能力相对落后，难以适应国土面貌正在发生的历史性变

化，国土资源供给相对短缺，难以满足人类生产生活持续增长的需求，国土空间开发利用低效、不充分，这成为生态文明建设迈入新时代和开启新征程面临的重要矛盾，因此，新时代的生态文明建设为讨论人地系统的科学命题和研究任务提出了明确的问题导向（樊杰，2018）。

第一，创新、协调、绿色、开放、共享的新发展理念是调控人地关系的重要指导思想。揭示新时代人地关系变化的新规律、探讨经济全球化过程出现的逆全球化对国家和区域人地系统的影响与适应，以及探究区域变化原驱动力导致区域均衡的共享过程及格局特征，是人文与经济地理学研究中的新命题。以人的发展为核心、以资源环境承载力为基础、以创新为驱动的新发展模式，以及通过绿色发展提升资源总当量以实现更高层次的可持续发展目标，为调控人地关系政策的制定开拓了广阔前景，也为人地系统思想与理论的完善发展提供了原动力。

第二，新时代的生态文明建设为人地系统研究提出了新的命题。伴随长期经济高速增长和快速城市化，逐步形成了以资源环境为代价的发展方式，人地矛盾冲突不断加剧，资源环境约束与可持续发展在不同功能的地域中具有不同的特点和作用机理，人口密度高的传统农业产区、深度贫困地区以及城市群地区逐渐成为推动人地系统协调发展的最重要地域。生态文明建设应与新时代重大制度安排相契合，形成人文与经济地理新格局，推进人地系统的协调性和持续性，探索新的响应规律，增强全面深化改革的理论支撑。

第三节　复杂网络理论

复杂网络理论部分主要从网络复杂性、复杂网络的基本概念、网络拓扑模型及其性质三部分展开论述。

一、网络复杂性

网络复杂性，是指网络个体单元不具有，必须通过网络整体涌现、介于有序和无序之间的一类性质。网络复杂性特征决定复杂网络理论在某个网络中应用的适用性。一般而言，网络系统的复杂性主要体现在三个方面（Strogatz，2001）。

1）结构复杂性

网络连接结构看上去错综复杂、非常混乱；而且网络连接结构可能是随时间变化的，例如，科学引文网中，每时每刻不同学者都在引用其他人的成果或其成果被引用。另外，节点之间的连接可能存在不同的方向或不同权重。例如，土地系统网络中，在快速城市化区域主要发生生态用地向建设用地的转化，较少发生建设用地向生态用地的转化。

2）节点复杂性

网络中的节点可能是具有分岔和混沌等复杂非线性行为的动力系统，例如，万维网中每个节点都具有复杂的时间演化行为；而且一个网络中也可能存在不同类型的节点，例如，Abe 和 Suzuki（2004）研究的地震网络将所考察的地理区域划分为若干小方格，地震网络节点指其中发生过地震的小方格，不同地理位置代表不同类型的地震网络节点。

3）各种复杂性因素的相互影响

实际的复杂网络会受到各种各样因素的影响和作用，例如，土地系统复杂网络中，由于国家土地利用政策变化，以及城市规划、农民生计、地方经济发展需要等，不同地类发生转化，其连接类型、连接紧密程度以及不同地类之间的连接方向和权重等发生变化，从而使得土地系统网络呈现复杂动态关系，严重时会威胁到生态系统的稳定性。

二、复杂网络的基本概念

近年来，刻画复杂网络结构统计特性的基本概念主要包括平均路径长度、直径、度与度分布、节点强度、聚类系数、介数等（Barrat et al.，2008）。

1. 平均路径长度与直径

网络中两个节点 i 和 j 之间的距离 d_{ij} 定义为连接这两个节点的最短路径上的边数。网络中任意两个节点之间的距离的最大值称为网络的直径（diameter），记为 D，即

$$D = \max_{i,j} d_{ij} \qquad (2\text{-}3)$$

网络的平均路径长度 L 定义为任意两个节点 i, j 之间的距离的平均值，即

$$L = \frac{1}{\frac{1}{2}N(N+1)}\sum_{i \geqslant j} d_{ij} \qquad (2\text{-}4)$$

其中，N 为网络节点数。网络的平均路径长度也称为网络的特征路径长度（characteristic path length）。为了便于数学处理，式（2-4）中包含了节点到自身的距离（当然该距离为零）。

例如，对于图 2-2 所示的一个包含 5 个节点和 5 条边的网络，我们有 $D = d_{45} = 3, L = 1.6$。近期研究发现，尽管许多实际复杂网络的节点数巨大，网络的平均路径长度却小得惊人。

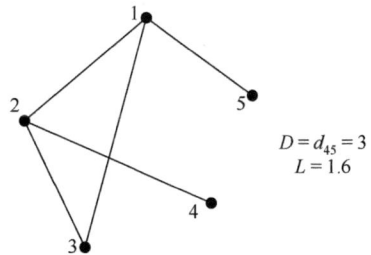

图 2-2　一个简单网络的直径和平均路径长度

$D = d_{45} = 3$
$L = 1.6$

2. 度与度分布

度（degree）是节点属性中简单又重要的概念。节点 i 的度 k_i 定义为与该节点连接的其他节点的数目。有向网络中一个节点的度分为出度（out-degree）和入度（in-degree）。节点 i 的出度是指从该节点 i 指向其他节点的边的数目，节点 i 的入度是指从其他节点指向该节点 i 的边的数目。节点 i 的出度和入度的总和是节点 i 的总度。分别以 $d_{in,i}$、$d_{out,i}$、d_i^{tot} 表示节点 i 的入度、出度和总度，它们的计算公式分别为

$$d_{in,i} = \sum_{j=1}^{n} a_{ji} \tag{2-5}$$

$$d_{out,i} = \sum_{j=1}^{n} a_{ij} \tag{2-6}$$

$$d_i^{tot} = d_{in,i} + d_{out,i} \tag{2-7}$$

其中，a_{ij} 是从该节点 i 指向其他节点 j 的边的数目。直观上看，一个节点的度越大就意味着这个节点在某种意义上越"重要"。网络中所有节点 i 的度 k_i 的平均值称为网络的（节点）平均度，记为 $<k>$。网络中节点度的分布情况可用分布函数 $P(k)$ 来描述。$P(k)$ 表示一个随机选定的节点的度恰好为 k 的概率。完全随机网络的度分布近似为 Poisson 分布（图 2-3（a）），其形状在远离峰值 $<k>$ 处呈指数下降，这类网络也称为均匀网络（homogeneous network）。许多实际网络的度分布可以用幂律形式 $P(k) \propto k^{-\gamma}$ 来更好地描述（图 2-3（b））。幂律分布也称为无标度分布，具有幂律度分布的网络也称为无标度网络，这是由于幂律分布函数具有无标度性质（汪小帆等，2006）。

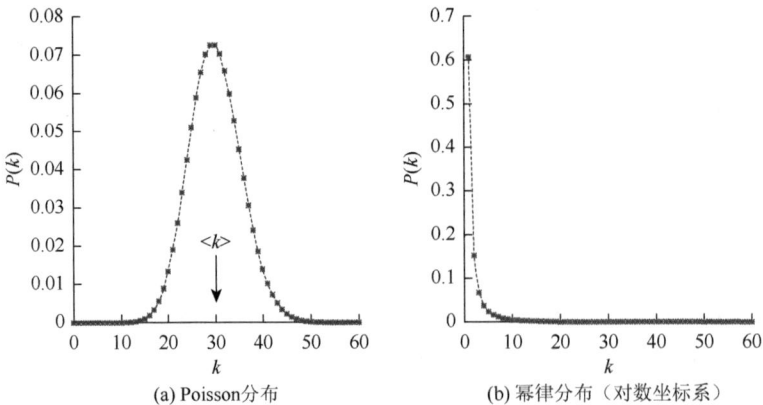

(a) Poisson分布 (b) 幂律分布（对数坐标系）

图 2-3　两种分布的对比

对于度分布具有适当幂律指数的大规模无标度网络，绝大部分节点的度相对

很低，但存在少量度相对很高的节点。因此，这类网络也称为非均匀网络（inhomogeneous network），而那些度相对很高的节点称为网络的"集线器"（hub）。例如，在城市公交网络中一定存在几个大的公交站点，我们称为"公交枢纽点"。这些公交枢纽点在城市公交网络中起着至关重要的作用，由于其吸引力比其他节点大，所以新加入网络中的节点更容易与之连接，这就是我们通常所说的"富者愈富"的思想（高自友等，2005）。

另外一种表示度数据的方法是绘制累积度分布函数（cumulative degree distribution function）。

$$P_k = \sum_{k'=k}^{\infty} P(k') \tag{2-8}$$

式（2-8）表示度不小于 k 的节点的概率分布。

如果度分布为幂律分布，即 $P(k) \propto k^{-\gamma}$，那么累积度分布函数符合幂指数为 $\gamma - 1$ 的幂律：

$$P_k \propto \sum_{k'=k}^{\infty} k'^{-\gamma} \propto k^{-(\gamma-1)} \tag{2-9}$$

如果度分布为指数分布，即 $P(k) \propto e^{-k/\kappa}$，其中 $\kappa > 0$ 是一个常数，那么累积度分布函数也是指数型的，且具有相同的指数：

$$P_k \propto \sum_{k'=k}^{\infty} e^{\frac{k'}{\kappa}} \propto e^{\frac{k}{\kappa}} \tag{2-10}$$

幂律分布在对数坐标系中对应于一条直线，而指数分布在半对数坐标系中对应于一条直线，因此分别通过采用对数坐标和半对数坐标就可以很容易识别幂律分布和指数分布。幂律分布具有"长尾分布"的特征，等级越高则越不均衡，著名的"二八法则"很好地体现了这一点，即社会80%的财富掌握在20%的人手中，少数人拥有极多的资源而绝大多数人只拥有较少的资源。

3. 节点强度

节点强度是引入权重的一种度量网络中节点重要性和连通性的重要统计指标。对于有向有权网络，节点强度包括节点入强度和节点出强度。分别以 $S_{\text{out},i}^w$、$S_{\text{in},i}^w$、S_i^w、S^w 表示节点 i 的出强度、入强度、总强度和平均强度，式子分别如下：

$$S_{\text{out},i}^w = \sum_{j=1}^{n} a_{ij} \cdot w_{ij} \tag{2-11}$$

$$S_{\text{in},i}^w = \sum_{j=1}^{n} a_{ji} \cdot w_{ji} \tag{2-12}$$

$$S_i^w = S_{\text{in},i}^w + S_{\text{out},i}^w \tag{2-13}$$

$$S^w = \sum_{i=1}^{N} S_i^w \Big/ N \qquad (2\text{-}14)$$

其中，w_{ji} 是权重；a_{ij} 是从该节点 i 指向其他节点 j 的边的数目；N 是网络节点数。

4. 聚类系数

聚类系数 C 可描述网络中节点的聚集程度。一般地，假设网络中的一个节点 i 有 k_i 条边与其他节点相连，这 k_i 个节点就称为节点 i 的邻居。显然，在这 k_i 个节点之间最多可能有 $k_i(k_i-1)/2$ 条边（不包括节点与自身的连接）。而这 k_i 个节点之间实际存在的边数 E_i 和理论最大可能的边数 $k_i(k_i-1)/2$ 之比就定义为节点 i 的聚类系数 C_i，即

$$C_i = 2E_i / [k_i(k_i-1)] \qquad (2\text{-}15)$$

可以看出，C_i 的取值范围为 [0, 1]。对于一个度值为 0 的节点，由于没有邻接节点，因此规定其聚类系数为 0。

对于有向有权的复杂网络，加权聚类系数 $\tilde{C}_i^w$ 是节点 i 与相邻节点之间的边数量与最大可能边数量之比。$\tilde{C}_i^w$ 用于衡量一个系统的集中度。因此，$\tilde{C}_i^w$ 定义为

$$\tilde{C}_i^w = \frac{\tilde{t}_i^D}{T_i^D} = \frac{\frac{1}{2}\sum_{j\neq i}\sum_{h\neq(i,j)}\left(w_{ij}^{\frac{1}{3}}+w_{ji}^{\frac{1}{3}}\right)\left(w_{ih}^{\frac{1}{3}}+w_{hi}^{\frac{1}{3}}\right)\left(w_{jh}^{\frac{1}{3}}+w_{hj}^{\frac{1}{3}}\right)}{[d_i^{\text{tot}}(d_i^{\text{tot}}-1)-2d_i^{\leftrightarrow}]} = \frac{\left[W^{\left[\frac{1}{3}\right]}+(W^{\text{T}})^{\left[\frac{1}{3}\right]}\right]_{ii}^3}{2[d_i^{\text{tot}}(d_i^{\text{tot}}-1)-2d_i^{\leftrightarrow}]} \qquad (2\text{-}16)$$

其中，$W^{\left[\frac{1}{k}\right]}=\left\{w_{ij}^{\frac{1}{k}}\right\}$；$\tilde{t}_i^D$ 是用其加权对应边实际形成的有向三角形的数量；T_i^D 是与节点 i 相邻节点可能的最大边数量。如前所述，d_i^{tot} 是节点总度。在数学上，节点 i 可能连接到 $d_i^{\text{tot}}(d_i^{\text{tot}}-1)/2$ 最多的边对。节点 i 和每对边可以形成多达两个三角形，可能的三角形最大数量是 $d_i^{\text{tot}}(d_i^{\text{tot}}-1)$。然而，这里包括由节点 i 指向节点 j 的一对有向边形成的"假"三角形，如 $i\rightarrow j$ 和 $j\rightarrow i$。因此，我们通过减去 $2d_i^{\leftrightarrow}$ 估计 T_i^D。然后，整个网络（C^w）的平均聚类系数定义如下：

$$C^w = \frac{1}{N}\sum_{i=1}^{N}\tilde{C}_i^w \qquad (2\text{-}17)$$

从几何特点看，式（2-17）的一个等价定义为

$$C_i = \frac{\text{与节点}i\text{相连的三角形的数量}}{\text{与节点}i\text{相连的三元组的数量}} \qquad (2\text{-}18)$$

其中，与节点 i 相连的三元组是指包括节点 i 的三个节点，并且至少存在从节点 i 到其他两个节点的两条边（图 2-4）。

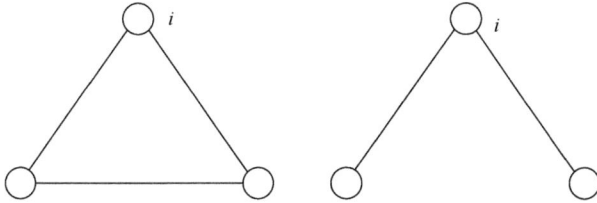

图 2-4　以节点 i 为顶点之一的三元组的两种可能形式

整个复杂网络的聚类系数 C 就是网络中所有节点 i 的聚类系数 C_i 的平均值，表达式为

$$C = \frac{1}{N} \sum_{i \in V} C_i \qquad (2\text{-}19)$$

其中，N 为节点集合 V 中的节点总数。

很明显，C 的取值范围也是[0, 1]，聚类系数越大表明网络的聚集程度越高。当且仅当复杂网络中所有的节点度值都是 0 时，$C = 0$。对于一个完全连通的网络，即所有节点与其他节点都有连接的网络，$C = 1$。对于一个完全随机网络，$C = 1/N$。而对于其他大部分真实网络而言，只有少数"集线器"节点周围可能会有聚集的现象，其聚类系数介于 $1/N \sim 1$。事实上，在很多类型的网络（如社会关系网络）中，你的朋友的朋友同时也是你的朋友的概率会随着网络规模的增加而趋向于某个非零常数，即当 $N \to \infty$ 时，$C = O(1)$。这意味着这些实际的复杂网络并不是完全随机的，而是在某种程度上具有类似于社会关系网络中"物以类聚，人以群分"的特性。

5. 介数

度值大的节点在网络中非常重要。然而，实际网络中，某些度值很小的节点受到攻击后，同样会使整个网络受到很大的影响。因此，引入介数这个统计指标来表征节点或边在网络中的关键程度。介数分为节点介数和边介数，介数反映了相应的节点或边在整个网络中的作用和影响力。节点介数指网络中所有最短路径中经过该节点的数量比例。介数考虑所有路径，并且可以用于度量中间节点的有用性，具有很强的现实意义。

节点 i 的介数 B_i 的计算公式如下：

$$B_i = \sum_{j,h \in V, j \neq h} \frac{\sigma_{jh}(i)}{\sigma_{jh}} \qquad (2\text{-}20)$$

其中，σ_{jh} 指节点对 j 和 h 之间最短路径的数量；$\sigma_{jh}(i)$ 指节点对 j 和 h 之间最短路径中经过节点 i 的最短路径的数量。特别地，$j \neq h \neq i$。

边介数指网络中所有最短路径中经过该边的数量比例。定义边 e 的介数 B_e 为

$$B_e = \sum_{j \in V} \sum_{h \in V} \frac{\sigma_{jh}(e)}{\sigma_{jh}} \tag{2-21}$$

其中，$\sigma_{jh}(e)$ 为节点 j 与 h 之间经过边 e 的最短路径数目；σ_{jh} 为节点 j 与 h 之间的所有最短路径数目。

三、网络拓扑模型及其性质

从拓扑结构来讲，典型网络有 4 种，分别为规则网络、随机网络、小世界网络和无标度网络。下面主要介绍当前研究最为广泛的小世界网络和无标度网络（Lewis，2011；何大韧等，2009）。

1. 小世界网络模型

现实世界中，真实的网络介于完全规则网络和完全随机网络之间，规则网络中的最近邻耦合网络具有较高的聚类系数，但平均路径长度过大，随机网络中具有小的平均路径长度，但是不具有高聚类特性。因此，规则网络或随机网络都不能反映真实的网络拓扑结构和性质。作为规则网络和随机图之间的过渡，Watts 和 Strogatz 于 1998 年引入一个有趣的小世界网络模型，称为 WS 模型。他们基于一个初始状态具有 n 个节点，且每个节点具有 k 个邻居的环路，通过以概率 p 将每条边随机连接到网络的一个新的节点上，提出了 WS 模型，并且当 p 为 0 或者 1 时，WS 网络分别呈现出规则网络和随机网络的状态。该模型具有较小的平均路径长度和较大的聚类系数特征，因此它并不属于规则网络或者随机网络，而是介于两者之间的一种网络，物理学家将这两个特征合在一起称为小世界效应，具有该效应的网络称为小世界网络。随后，Newman 和 Watts 提出了 NW 模型，NW 模型的优点在于避免了 WS 模型出现孤立点的情况。构造该模型时，不需要改变规则网络中的原始边，而是以概率 p 在两个节点上添加新的边。此外，还有加点、加边、去点、去边以及不同形式交叉多种方式，以建立不同的小世界网络模型。在计算小世界网络的聚类系数时，WS 网络的聚类系数可表示为

$$C_{(p)} = \frac{3(k-1)}{2(2k-1)}(1-p)^3 \tag{2-22}$$

而 NW 网络的聚类系数为

$$C_{(p)} = \frac{3(k-1)}{2(2k-1)+4kp(p+2)} \tag{2-23}$$

2. 无标度网络模型

研究发现，许多复杂网络的度分布呈现出幂律分布的形式，我们把这类节点的度没有明显特征长度的网络称为无标度网络，如万维网、Internet、新陈代谢网络等。为了阐释幂律分布的产生机理，Barabási 和 Albert 提出增长和优先连接的机制，建立了 BA 无标度网络模型。他们考虑了以下两个特性。

（1）增长特性：指网络的规模是不断扩大的。例如，每个月都会有大量的新的科研论文发表。

（2）优先连接特性：指新的节点更倾向于与那些具有较高度值的节点相连。这种现象称为"富者愈富"。例如，新发表的文章更倾向于引用一些已经广泛引用的重要文献。

基于网络的增长和优先连接特性，BA 无标度网络模型的构造算法如下。

（1）增长：从一个具有 n_0 个节点的网络开始，每次引入一个新的节点并且连接到 m 个已存在的节点上，此时，$n \leqslant n_0$。

（2）优先连接：一个新节点与一个已经存在的节点 i 相连接的概率 Π_i 与节点 i 的度 k_i 之间满足如下关系：

$$\Pi_i = k_i \Big/ \sum_j k_j \tag{2-24}$$

无标度网络的重要特点是节点度值分布很不均匀，少数节点拥有大量的连接，而大多数节点只具有很少的连接。这些少数节点称为网络中的集散节点。集散节点对网络功能有很大影响，使得无标度网络同时具有对随机攻击的鲁棒性和对蓄意攻击的脆弱性（Albert et al.，2000）。

第四节　脆弱性理论

一、脆弱性组成与核心问题

脆弱性的组成要素属于一个集合的概念，包含风险、易损性、边缘化、自然灾害、敏感性、恢复力以及弹性等。目前广泛接受的脆弱性三要素通常包括暴露（exposure）、敏感（sensitivity）和适应能力（adaptive capability）（Roberts and Yang，2003）。环境条件和社会驱动力的相互作用决定暴露和敏感，不同社会文化、政治制度和经济条件改变着暴露单元的适应能力（Smit and Wandel，2006）。暴露与风险关系密切，反映系统受环境和社会压力等危害的程度，由系统在灾害事件中暴露的概率来决定，风险由系统在灾害作用下的潜在损失大小决定（Cumming et al.，

2005）。暴露与压力或冲击的强度、频率、持续时间以及与系统的邻近性有关，例如，在洪水暴发时，人口密度大的河岸地区的暴露比山区大，河岸地区对洪水的脆弱性比山区大。通过人口迁移能够改变暴露，从而降低人群对洪水的脆弱性（陈迎，2005）。敏感性是指系统对各种灾害扰动的敏感程度，表示暴露单元容易受到胁迫的正面或负面影响的程度，是胁迫和所产生的后果间多维度的剂量反应关系。例如，农业生态系统对全球气候变化的敏感性比其他系统要高，其水热分布发生变化都会使得农作物的生长周期发生变化，进而影响农作物的产量。适应能力是指系统能够处理、适应胁迫及恢复胁迫造成的后果的一种能力，它由基础设施、技术、信息、技能、财富、教育、稳定能力和管理能力等决定（IPCC，2001）。例如，当农民长期面临干旱时，能够利用滴灌和改善土地质量来增加土地保水能力等具体措施逐步使其适应缺水状态，这些适应过程能够降低农民对干旱的敏感性。适应能力是可以改变和调节潜在状态的参数，包括系统本身的适应能力和人类适应两个层次（徐广才等，2009），决定了系统在灾害事件中受损失的实际大小。

　　脆弱性可以表达成暴露、敏感和适应能力的函数。暴露和敏感增加，会增大暴露单元的脆弱性，而适应能力与脆弱性的关系则比较复杂。例如，经济水平较高的社区对灾害有很强的适应能力，因为高经济水平通常能够提供更佳的生存空间和先进的科技手段来避免灾害的冲击。这些处在良好孕灾环境中的社区会吸引大量居民来此生活，但类似这些经济水平高的社区，一旦面临灾害，在同样的暴露下，单位面积的损失比经济落后的社区要大很多。因此超出一定阈值范围或应对范围的高或低经济水平的社区，需要更多关注其由灾害或压力造成的脆弱性，因为适应能力与脆弱性之间的关系不是简单的线性关系。

　　脆弱性研究内容主要是自然生态系统、社会系统或其子系统在面对压力或冲击时的潜在损失、敏感状态和适应能力。脆弱性研究需要分析目标系统与背景环境之间的相互关系，社会和自然系统的结构特征，以及社会系统中个体的社会价值、社会意义和认知能力对脆弱性的影响。在脆弱性研究中，需要解决以下几个核心问题：①对人-环境耦合系统怎么定义？社会系统和生物物理系统之间的相互作用和反馈关系，以及人-环境耦合系统在特定阶段的理想状态是怎样的？②遇到某个或某些冲击或压力时，人-环境耦合系统中暴露单元的哪些属性应受到关注？这些属性将在系统处于扰动状态时对其进化方向起主导作用；③系统面对的多个压力（与冲击）之间如何相互作用？它们如何改变暴露单元的属性？④压力（与冲击）会造成何种潜在的损失？潜在损失的时空分布和动态变化有规律可循吗？采取何种措施能让损失最小化，并最大限度地返回到系统理想状态？此处的系统理想状态是指系统以正常的发展速度应达到的状态，而不是静态地与被扰动前的水平相比（刘婧等，2006）。

二、脆弱性与弹性、适应性及可持续性的关系

1. 脆弱性与弹性

1973 年，Holling 发表了题为《生态系统的弹性和稳定性》（*Resilience and stability of ecological systems*）的开创性论文，为生态弹性及各种其他形式弹性概念的研究提供了基础。他将弹性定义为系统在维持其结构、功能、反馈等不变的前提下，通过调整系统状态变量、驱动变量等参数，系统能吸收的扰动量。依据此定义，弹性可采用系统结构改变之前能吸收的扰动量来度量（Gunderson, 1999）。在一个弹性的社会-生态系统中，扰动意味着有潜力来创造机会，以便于系统的革新和发展。相应地，在脆弱的系统中，即使小的扰动也可能会引起系统剧烈的社会影响（Adger, 2000）。然而，脆弱性也被看作面对扰动时易受损害的一种状态和系统改变或转化的一种潜力，而不是对抗的结果。根据 Gallopín（2003）的解释，脆弱性并不总是一种负面属性，脆弱性可能在系统发展变化中带来有益的变革，显示出积极的一面，如一个压迫人民的国家倒台。由此，与弹性有关的问题也被提出来了，Walker 等（2004）指出，某种意义上"弹性也并不总是好事"。弹性和脆弱性之间的不同在于，脆弱性指维持系统结构的能力，而弹性具有更新、重新组织和发展的内涵，指系统从动力学非结构变化中恢复的能力（Gunderson and Holling，2002）。

2. 脆弱性与适应性

适应性起源于自然科学尤其是进化生物学。Smit 等（1999）认为，全球变化背景下的适应性通常是指一个系统的变化过程、行为和结果，即更好地处理、管理或调节以适应系统一些变化（如压力、风险或机遇）。大量的适应性定义出现在气候变化文献中。Brooks（2003）将适应性描述为"一个系统的行为调节能力和增强系统处理外部压力能力的特性"。基于此，适应性被用于评价系统减缓外部不利因素的负面影响或实现积极影响从而避免危险的程度。

适应性是系统减缓脆弱性、提高系统弹性的能力。在一个社会-生态系统中，这相当于人类管理脆弱系统的能力。尽管人类行为能控制该系统的动态变化，但复杂适应系统的本质特征是自组织的。然而，由于社会-生态系统的发展动态和方向受到人类活动的控制，系统的适应性主要是社会成分的功能。适应性指标主要度量以下方面：控制系统变化路径的能力、改变稳定景观拓扑结构的能力或改变系统在其他尺度范围内动态响应过程的能力。

3. 脆弱性与可持续性

可持续性由于涉及自然、环境、社会、经济、科技和政治等诸多方面，因此不同的研究者由于视角不同，对可持续发展所作的定义也就不同。有侧重自然方面的，有侧重社会方面的，还有侧重经济、科技等方面的。最广为接受的定义是1987 年布兰特夫人提出的"可持续发展"定义。在此定义中，可持续发展是一个规范性概念，抓住了代内和代际公平的基本理念，包含两个概念：一是"需要"，应优先考虑人们的基本需求；二是"限制"，资源环境满足当前及未来发展需要的能力应受到科技发展概况和社会组织的限制。

脆弱性是社会经济发展过程中出现的客观现象，要实现区域社会经济可持续发展，需要减少发展过程中出现的脆弱性问题。随着脆弱性研究的不断深入和研究领域的拓展，脆弱性研究已成为人地相互作用机理与过程、区域可持续发展非常基础性的科学知识体系。脆弱性研究关注如何通过减缓系统脆弱性来实现可持续发展，是可持续发展研究的一个新的范式。Turner 等（2003）提出了基于可持续科学的脆弱性分析框架，其基本思想是认为脆弱性存在于人地系统的状态和运行过程中。该框架的主要内容包括：①作用于人地系统动态过程与更高尺度的环境状况的联系；②作用于这些系统的扰动、压力和响应，以及它们之间的相互作用；③灾害以及响应的尺度特征。

三、脆弱性概念模型

随着脆弱性研究的逐渐推进，出现了许多探讨脆弱性成因及其影响因素相互作用关系的分析框架，这是脆弱性评价方法论的基础。如早期的风险-灾害（the risk hazard，RH）模型（Kates et al.，1985）、压力释放（pressure and release，PAR）模型（Blaikie et al.，1994）、地方灾害脆弱性分析框架（Cutter，1996）、耦合系统脆弱性分析框架（Turner et al.，2003）等。

Kates 等（1985）提出 RH 模型，是脆弱性分析框架的雏形。RH 模型将灾害影响看成由灾害事件的暴露、暴露实体的剂量-响应（即敏感性）构成的函数（图 2-5）。其存在以下不足：一是没有涉及灾害对系统影响的途径；二是不同系统及组分导致灾害影响结果存在差异；三是对政治、经济，特别是社会结构、制度等因素在减缓灾害影响中发挥的作用关注不够。从灾害学出发的 PAR 模型是在RH 模型基础上发展起来的，明确地认为风险是扰动与暴露单元脆弱性相互作用的产物（Blaikie et al.，1994）。PAR 模型关注暴露单元产生脆弱性的条件以及这些条件产生的原因，强调不同暴露单元间脆弱性的差异（图 2-6）。从地理学角度出发的地方灾害脆弱性分析框架通过对灾害的界定，将该分析框架从自然领域拓展到社会人文、科学领域，提出脆弱性研究需要统筹考虑导致灾害发生的自然与社会因素。Cutter（1996）将自然脆弱性研究中"风险"的概念与社会脆弱性研究中关注的弹性、适应能力等结合起来，认为应该把灾害事件的暴露及社会对灾害事件的敏感性放在地理学框架下进行理解，建立了灾害-地方脆弱性模型。该模型指出风险与调节能力的相互作用导致地方脆弱性的放大或削弱，强调脆弱性的动态变化属性，推动对多重扰动下自然与人文脆弱性影响因素的综合集成研究（图2-7）。

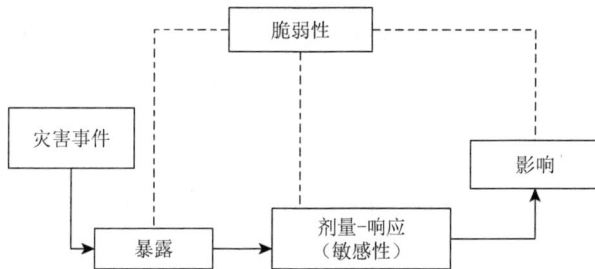

图 2-5 RH 模型分析框架（Kates et al.，1985）

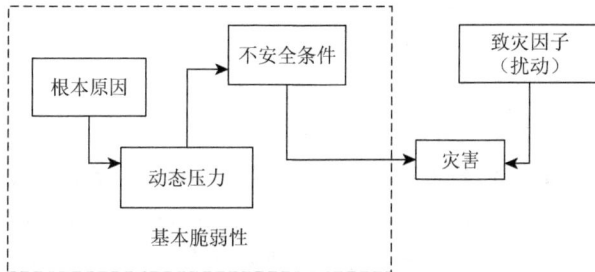

图 2-6 PAR 模型分析框架（常见于风险研究）

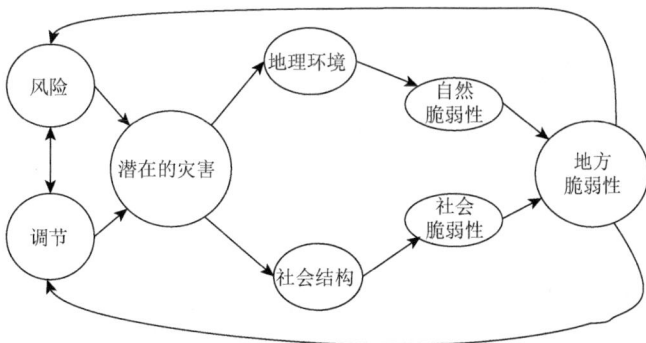

图 2-7 灾害-地方脆弱性模型分析框架（Cutter，1996）

第五节　城市化相关理论

一、城市及城市化内涵

　　"城市"与"城市化"是两个不一样的概念。城市指具有一定的人口密度、规模以及资源分布的区域范围。现代城市属于工业化的产物,是集文化、经济、政治和信息于一体的中心,它的概念侧重明确地域界线,与传统的农村相对。城市化概念的出现晚于城市,城市化的载体是城市,城市化的对象是整个社会。城市化的发展状况通过城市的发展状况来衡量,但是城市的发展只是城市化的一个方面(李汉宗和单欣欣,2007)。

　　现代研究学者主要从四个不同的角度来解释城市的内涵。一是从城市起源的角度来定义城市。山田浩之把城市看作一个包围起来的地域中心,即指村落中心。二是从城市功能和作用的角度来定义城市。雨果夫认为城市是科学技术进步中心和完整的社会–经济综合体,也是人们经济、政治和精神生活的中心。三是从城市特征的角度来揭示城市概念。沃纳·赫希把城市定义为具有相当面积、经济活动和住户集中、能够在私人企业和公共部门产生规模经济的连片地理区域。四是从系统的角度对城市进行定义。巴顿(1987)认为城市是一个在有限空间地区内的各种经济市场——住房、劳动力、土地、运输等相互交织在一起的网状系统。

　　城市化概念具有多系统性、学科性和复杂性的特点。经济学家通常把城市化看作从乡村经济向城市经济的转化。地理学家强调城乡经济和人文关系的变化(欧名豪等,2002)。社会学家以社群网(即人与人之间的关系网)作为研究城市的对象,强调社会生活方式主体从乡村向城市转化。人类学家以社会规范为中心,认为城市化是人类生活方式由乡村生活方式转为城市生活方式的过程。历史学家则认为城市化是人类由区域文明向世界文明过渡的一种社会经济现象(周毅,2009)。

二、城市化基础理论

　　关于城市化代表性的基础理论主要有区位理论、空间理论、结构理论、人口迁移论等。

1. 区位理论

　　区位理论将城市看作一种社会生产方式,其特征是社会生产的各种物质要素及物质过程在空间上的集聚。区位理论主要包括工业区位论、农业区位论和城市区位论,代表人物有德国经济学家韦伯(Weber)、冯·杜能(von Thunen)和克里斯塔勒（Christaller）。区位理论的最大贡献在于分析城市效益的根源，并确定城市的分布形式和分布状态（王新文，2002）。

2. 空间理论

空间理论主要用于分析城市与农村之间的相互关系及其转变趋势。空间理论一般分为极化空间理论和均衡空间理论。极化空间理论主要包括增长极理论、中心-边缘理论、非均衡增长理论等。均衡空间理论由瑞典经济学家奥林（Olin）提出。他认为区际贸易、国际贸易与要素自由流动会带来区域之间生产要素价格与商品价格的平均化，随着分工和贸易的发展，区域差异将归于消失（罗静和王新健，1995）。

3. 结构理论

结构理论又称为人口流动理论。人口流动理论最早见于 19 世纪英国利文斯坦出版的《迁移规模》一书中。目前，结构理论主要包括三种模型，分别为乔根森的二元经济模型、托达罗的劳动力迁移和产生发展模型以及"刘易斯-拉尼斯-费景汉"模型。此外，还有钱纳里的就业结构转换理论、舒尔茨的农民学习模型以及刘易斯的二元经济结构理论。

4. 人口迁移论

城市化以人为中心，人口迁移是城市化的重要核心内容。人口迁移论对城市化中心的人口变迁有着重要的现实指导意义。人口迁移论主要包括推-拉理论、配第-克拉克定理以及人口迁移转变假说。随着人类对自然环境的关注，城市生态学派理论已悄然兴起，生态学派突出"以人为本"的中心思想，强调人与自然、人与生态环境的协调，主要有古典人类生态学论、城市复合生态系统论、田园城市论、山水城市论、有机疏散论等（曾国平等，2008）。

三、城市化发展规律

城市化是一个受多种因素综合影响的复杂历史现象，尽管各国在政治体制、资源禀赋、历史背景和经济增长模式等方面存在差异，但纵观各国的城市化发展实践，城市化发展呈现出阶段性的演进规律。

1. 诺瑟姆的 S 形曲线规律

美国城市地理学家诺瑟姆（Northam）于 1979 年在《城市地理》一书中将世界不同国家和地区的人口城市化进程分为三个阶段：①发展速度较慢的初期阶段，

城市化水平较低（小于 30%），发展态势反映为 S 形曲线的左下段，曲线斜率较小；②人口向城市聚集的加速阶段，城市化水平迅速增长（在 30%～70%），位于 S 形曲线的中间段，曲线斜率较大；③高度城市化的成熟阶段，城市化水平超过 70%，城市人口增长趋缓甚至停滞，处于 S 形曲线的右上段。1987 年，我国学者焦秀琦在《城市规划》上发表的论文《世界城市化发展的 S 型曲线》中，首次根据推演出的城市化发展微分方程描绘城市化发展 S 形曲线图（图 2-8）。

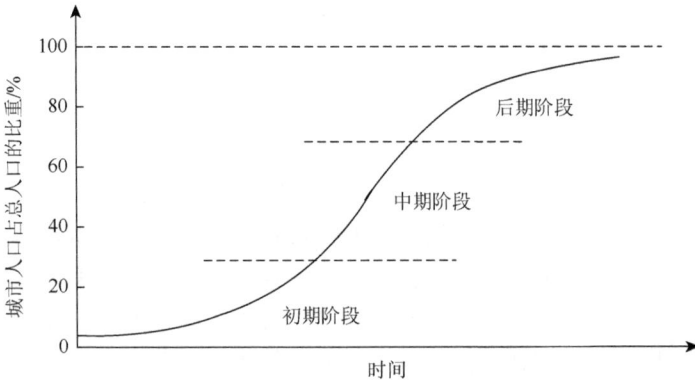

图 2-8　城市化发展的 S 形曲线

2. 城市空间形态演变规律：聚集与扩散

城市空间形态是城市要素流动和产业演进的空间组织形式。遵循城市增长和区域经济发展的规律，城市空间组织形式经历了由简单到复杂、由松散到紧密、由动态到稳定的演化过程。弗里德曼（Friedman）通过研究空间形态变化的规律，提出了空间结构演化的四个模式：①没有系统独立地方中心的发展阶段；②简单强大的中心和发展滞缓的广大外围地区；③单一的全国中心和强大的外围次中心；④功能上互相依赖的城市系统。具体来讲，在聚集经济和规模经济的作用下，城市空间组织形式的转化经历了单个城市膨胀阶段、市区蔓生阶段、城市向心体系阶段和都市圈或大都市绵延带阶段。

3. 钱纳里标准

Chenery 和 Syrquin（1975）指出，在持续均衡的经济中，城市化可能是一系列事态发展的结果：开始出现需求和贸易变化，这种变化导致工业化，并引起劳动力从农村向城市的不断流动。钱纳里标准概括了城市化进程与经济发展的一般规律，当人均收入超过 500 美元时，城市人口在总人口中占主导地位；当人均收入超过 700 美元时，工业中雇佣的劳动力超过初级生产部门；只有当人均收入超过 2000 美元时，这些过渡过程才结束。从目前世界的经验看，城市人口达到总人口的 75%时趋于稳定。

四、城市化与土地利用

随着城市化进程的加快，城市不断向周边地区扩展，意味着更多的土地被城市占用，最显著的是大量的农业用地被城市改为商业用地、住宅用地、工业用地等。城市土地利用指城市中工业、卫生、交通、教育、文化、商业、住宅和公园绿地等建设用地的状况，反映城市内功能区的地域差异及城市布局的基本形态（郝伟和陈鸿彬，2009）。目前城市化带来的土地利用问题主要表现在以下几个方面：一是城市土地利用混乱。土地用途不同造成地价差异，导致有些城市把低廉的农业用地改为工业用地、商业用地以及住宅用地，甚至有把城市中明文规定的工业用地改为其他价值更高的用地等现象发生。二是城市土地利用率低下。有些城市在建设过程中，对城区缺乏科学规划，导致盲目开发建设、用地不合理、土地利用率低等现象发生。三是城市土地利用结构失衡。有些城市大力搞新城区、开发区建设以及房地产开发，城市用地呈现"摊煎饼"的形式向外扩张，大量的农业用地被圈起来改为"没有工厂"的工业用地，致使城市土地利用结构失衡。

五、城市化与生态环境问题

城市化迅速发展带来全球性的生态环境问题，如水污染、雾霾、洪水等。城市化与生态环境之间的耦合机理，是"人地关系地域系统"研究的热点问题，也是面向可持续发展的人文过程与自然过程综合研究的重要方向之一（张理茜等，2010）。一方面，城市化通过经济发展、资源能源消耗、人口增长以及用地扩张对生态环境产生一定的胁迫作用；另一方面，生态环境通过人口驱逐、资金争夺、政策干预和环境选择对城市化产生约束作用。概括地讲，生态环境对城市发展既有支持作用也有限制作用，生态环境承载力特征影响着城市的发展方向和发展特点。在时间序列上，城镇化与生态环境的耦合过程主要分为四个阶段，分别为低水平协调阶段、抵抗阶段、磨合阶段和高水平协调阶段（冯维波，2007）。一是低水平协调阶段。这一阶段主要发生在工业革命以前的农业文明时期，城市化水平很低，生态环境质量很好。这时的哲学基础是自然本体论。二是抵抗阶段。这一阶段主要发生在工业文明初期，城市化水平提高，城市功能简单，抗干扰能力比较弱，生态环境迅速恶化，城市化与生态环境的矛盾十分突出。这时的哲学基础是人文本体论。三是磨合阶段。这一阶段主要发生在工业文明后期，城市化水平持续提高，城市功能结构比较复杂，抗干扰能力开始增强，生态环境开始好转。这时的哲学基础由人文本体论转向生态本体论。四是高水平协调阶段，这是现代化城市未来发展的主要方向——生态城市。这一阶段主要处在生态文明时期，城市化发展速度开始放慢，城市功能结构十分复杂，抗干扰能力很强，生态环境不断达到优良。这时的哲学基础为生态本体论。

当前，我国已经进入工业化后期发展阶段。要实现城市化与生态环境健康可持续发展，需要不断降低生态环境退化程度，控制好区域的人口密度，切实推行发展和保护策略，优化土地利用结构，避免不合理的开垦和建设，保持区域景观多样性，并合理规划交通、住宅等基础设施的空间布局，尽可能实现土地资源的集约化和高效化利用。此外，要避免走"先发展后治理"的道路，减少污染物排放，制定相应政策来规范企业的排污标准，减少对生态环境的破坏，努力打造经济繁荣与自然和谐的可持续发展城市。

第三章　武汉市土地利用/覆盖变化及驱动因素分析

土地是人类社会赖以生存和发展的基本自然资源和物质基础(Geist et al., 2001)。土地利用/覆盖变化（LUCC）作为仅次于温室气体排放的全球变化主要驱动力之一，其时空格局变化可直接引起地表碳循环、水循环以及生物多样性等地球系统要素发生改变，进而会影响国家或区域的生态安全、粮食安全等。因此，LUCC 已经成为全球变化和可持续发展研究关注的重要内容（Turner et al., 2007；曹茜等，2015）。

LUCC 是不同的土地利用需求和自然演化与土地利用类型的耦合过程，体现着人为因素和自然因素的双重影响。研究表明，气候、地形、土壤、水文、人口、经济、技术、政治乃至价值观等都是 LUCC 的主要驱动力（赵阳等，2014；Kanianska et al., 2014；石晓丽和史文娇，2015）。种类各异且作用程度不同的驱动力导致 LUCC 空间差异大。2005 年，IGBP 和 IHDP 联合推出的全球土地计划确定了今后一段时间把土地利用变化动力学作为重点开展研究的领域之一，且 LUCC 驱动力尺度问题也已经成为土地科学领域极具创新性探索的重要研究方向之一。为此，以中国中部特大城市武汉市为例，利用 1990 年、1995 年、2000 年、2005 年、2010 年、2015 年的土地利用数据分析 6 个时期的土地利用变化趋势，并采用偏最小二乘法探讨 LUCC 的自然因素和人为因素的驱动机制。这将有助于我们更好地全面理解快速城市化区域 LUCC 特征及驱动机制，对城市土地资源管理有着重要的启示作用。

第一节　武汉市概况

武汉市是中国中部腹地特大城市，湖北省省会，位于江汉平原东部，是长江经济带中游特大城市，是"一带一路"建设的重要节点城市，是我国重要的工业、科教基地和综合交通枢纽。

武汉市地理位置为东经 113°41′～115°05′，北纬 29°58′～31°22′，在平面直角坐标上，东西最大横距 134 公里，南北最大纵距 155 公里。长江与其最大的支流汉水汇合于此，将武汉市分为汉口、汉阳和武昌三个部分，俗称"武汉三镇"。全市市域周长 977.28km，行政辖区面积 8569.15km²，是湖北省面积的 4.6%。共辖 13 个市辖区：江岸区、江汉区、硚口区、汉阳区、武昌区、青山区、洪山区 7 个主城区以及东西湖区、汉南区、蔡甸区、江夏区、黄陂区、新洲区 6 个远城区。

一、自然环境概况

武汉市地貌属鄂东南丘陵、经江汉平原东缘向大别山南麓低山丘陵的过渡类型，其地貌起伏不平，海拔为 11.3～873.7m，95.78%的土地坡度小于 10°。其中，低丘占总面积的 3.89%，海拔在 200～400m，坡度为 10°～25°；山区的海拔为 400～800m，坡度＞25°，仅占 0.33%。南部和北部地区地势较高，起伏较大，北部地区分布较多的低山，中部地势较低，起伏较小。气候属于北亚热带季风性湿润气候，日照充足，年平均气温为 15.8～17.5℃，日平均气温稳定≥10℃的天数为 236.3 天，年无霜期为 211～272 天。雨量丰沛，但变化明显，年降水量为 1150～1450mm，具有明显的季节性变化，降水集中在春季和夏季，春夏两季降水量占全年降水量的比例达到 73.8%。

水资源方面，武汉市境内江河湖泊众多，拥有长江、汉江、府河、滠水、倒水、举水等诸多长江支流，素有"百湖之市"的美称。众多河港与沟渠交织，与湖汊相连，构成了以长江为主干的由诸多长江支流和湖泊组成的庞大水网。长江武汉段的河道尽管比较平直，但有些地段也会出现弯曲，河道内形成了白沙洲、天兴洲等淤积型的沙洲。总水域面积达 2217.6km^2，占全市总土地面积的 25.9%，水面率居全国各大城市之首。正常年景下，地下水净储量为 128 亿 m^3，地表水为 7145 亿 m^3，人均水资源占有量约为全国平均水平的 40 倍，是全球人均水平的 10 倍。

土壤资源方面，共有 8 个土类、17 个亚类，土壤类型繁多，多为水稻土、黄棕壤、潮土、红壤等，其中水稻土的面积最大。矿产资源方面，武汉市现已发现 33 种矿产，拥有全国最大的膨润土、石膏、玄武岩基地。动植物方面，武汉市属中亚热带常绿阔叶林向北亚热带落叶阔叶林过渡的地带，植物种类共有 106 科、607 属、1066 种；鱼类共有 11 目 11 科 88 种；水生动物共有 8 目 14 科 45 种。湿地资源方面，武汉市湿地资源居全球内陆城市前 3 位，截至 2018 年 1 月，武汉市共有 6 个国家湿地公园，分别为金银湖国家湿地公园、东湖国家湿地公园、安山国家湿地公园、后官湖国家湿地公园、杜公湖国家湿地公园、藏龙岛国家湿地公园，是国家湿地公园最多的城市。

二、社会经济概况

武汉市是湖北省的政治、文化中心，也是中国中部地区最大的经济中心。在我国经济地理圈层中，内层有湖北省内荆州、宜昌、十堰、襄阳、孝感、黄石等地级市；中层有长沙、郑州、南昌、洛阳、九江等大中城市；外层有北京、天津、上海、广州、重庆、西安等特大城市，武汉市具有得天独厚的区位优势。

根据《武汉统计年鉴 2018》（武汉市统计局，2018），截至 2017 年末，全市常住人口 1089.29 万人，较 2016 年增加 12.67 万人。全市户籍人口为 853.65 万人，较 2016 年增加 19.8 万人，其中非农业人口 619.35 万人，占 72.6%，比 2016 年增加 21.15 万人；农业人口 234.30 万人，占 27.4%，较 2016 年减少 1.35 万人。人口密度为 1282 人/km^2，其中人口密度最大的是江汉区，达到 25790 人/km^2，最小的是黄陂区，为 437 人/km^2。

2017 年，武汉市地区生产总值为 13 410.34 亿元，第一产业完成增加值 408.2 亿元，第二产业完成增加值 5861.35 亿元，第三产业完成增加值 7140.79 亿元，三产业比重为 3.0∶43.7∶53.3。全年工业总产值为 14 433.27 亿元，比 2016 年增长 9.68%。全年农业总产值为 611.84 亿元，比 2016 年增长 8.31%。2017 年末耕地资源面积为 19.055 万公顷，比 2016 年减少 0.082 万公顷。武汉市全年全社会固定资产投资为 787.16 亿元，比 2016 年增长 10.98%，社会消费品零售总额是 619.63 亿元，比 2016 年增长 10.44%，实际利用外资 9.65 亿美元，比 2016 年增长 13.19%。

三、战略地位与土地利用现状

近年来，武汉市战略地位逐年得到提升和巩固。2015 年 4 月 5 日，《长江中游城市群发展规划》得到国务院批复实施。长江中游城市群，又称"中三角"，是以武汉城市圈、环长株潭城市群、环鄱阳湖城市群为主体形成的特大型国家级城市群，正式定位为中国经济发展新增长极、中西部新型城镇化先行区、内陆开放合作示范区以及资源节约型社会和环境友好型社会建设引领区。长江中游城市群的核心是武汉城市圈，而武汉市是武汉城市圈的中心，武汉市在整个长江中游城市群的核心地位得到巩固。2016 年 9 月，《长江经济带发展规划纲要》确定长江经济带"一轴、两翼、三极、多点"的发展新格局，确定武汉市为长江经济带核心城市，推动经济发展。2018 年 11 月，在长江中游城市群武汉、长沙、合肥、南昌 4 个省会城市中，中共中央、国务院明确要求以武汉为中心引领长江中游城市群发展，这进一步加强了武汉市在长江中游城市群建设中的战略地位。在此背景下，以长江黄金水道为依托，把保护和修复长江生态环境摆在首要位置，发挥武汉市的核心作用，积极推进新型城镇化建设，优化城镇化国土空间生态开发成为长江经济带建设的主要内容。

随着武汉市在我国长江经济带战略地位的确定，武汉市的社会经济发展迅猛，土地利用冲突异常尖锐。建设用地快速扩张，城市郊区占用大量优质耕地。同时，为了获得更多的建设用地，进行了一些土地开发活动，如砍伐森林和填湖等，武汉市 LUCC 发生了巨大的变化。因此，探讨武汉市 LUCC 特征以及影响 LUCC 的重要因素，在此基础上提出相应的对策和措施，将有助于缓解人地关系的矛盾，实现区域可持续发展。

第二节　研究方法与数据源

利用武汉市 1990 年、1995 年、2000 年、2005 年、2010 年、2015 年 6 个时期的土地利用数据，借助土地利用动态指数模型（单一土地利用动态度双向模型、综合土地利用动态度双向模型）、土地利用转移动态模型来对研究期间土地利用的动态变化进行分析，并采用偏最小二乘法对土地利用变化的自然因素和人文驱动因素进行探讨。

一、土地利用动态变化分析模型

为了能够定量揭示土地利用格局的时空动态演化特征，首先，引入土地利用动态指数模型，以阐释土地利用状态在时间轴上的动态演化；其次，引入土地利用转移矩阵，挖掘每两个相邻时期内土地利用类型间的转换方向和转移量，以表征土地利用格局在空间上的动态演化。

（一）土地利用动态指数模型

这里的土地利用动态指数模型包括单一土地利用动态度双向模型和综合土地利用动态度双向模型，用于描述单一土地利用类型的动态变化和监测时段内土地利用的综合变化幅度。

1. 单一土地利用动态度双向模型

单一土地利用动态度双向模型能够追踪土地利用类型之间的双向流动，同时考察监测时段内，某一土地利用类型转化为其他土地利用类型的幅度以及由其他土地利用类型转化而来的幅度，对于建设用地这类转出少而新增面积多的地类，能更全面地挖掘其变化信息。单一土地利用动态度双向模型公式如下：

$$K_i = \frac{\sum_{j=1, j \neq i}^{n} \{U_{(i,j)} + U_{(j,i)}\}}{U_i} \times \frac{1}{T} \times 100\% \tag{3-1}$$

其中，K_i 表示第 i 种土地利用类型在监测时段内土地利用动态变化的双向指数（以 5 年为 1 个监测周期）；$U_{(i,j)}$ 表示在该监测时段内第 i 种土地利用类型转变为其他土地利用类型的总面积；$U_{(j,i)}$ 表示其他土地利用类型转化为第 i 种土地利用类型的总面积；U_i 表示研究开始时第 i 种土地利用类型的面积；T 代表监测时段的长度。

2. 综合土地利用动态度双向模型

综合土地利用动态度双向模型主要用以反映某一监测时段内，研究区的各种土地利用类型动态变化的总体情况，该值越大，说明研究区土地利用类型动态变化越剧烈，不同土地利用类型之间转换的综合活跃程度越高，反之，越弱，公式如下：

$$LC = \frac{\sum_{i=1}^{n} \sum_{j=1,j\neq i}^{n} \{U_{(i,j)} + U_{(j,i)}\}}{\sum_{i=1}^{n} U_i} \times \frac{1}{T} \times 100\% \qquad (3\text{-}2)$$

其中，LC 表示所有土地利用类型在一个监测周期内变化的综合双向动态度。

（二）土地利用转移矩阵

由于研究区土地总面积恒定不变，区域土地利用动态变化的实质是区域内各种土地利用类型之间的相互转化。土地利用转移矩阵是研究土地利用类型相互转化和方向变化的定量方法（刘瑞和朱道林，2010），并能够具体地突出土地利用变化类型的特点和各类型土地利用空间变化的实际转移方向，从而更好地揭示土地利用模式的时空演化过程，见式（3-3）：

$$S_{ij} = \begin{bmatrix} S_{11} & \cdots & S_{1n} \\ \vdots & \ddots & \vdots \\ S_{n1} & \cdots & S_{nn} \end{bmatrix} \qquad (3\text{-}3)$$

式中，S_{ij} 为研究区第 i 种土地利用类型向第 j 种土地利用类型转化的面积区域；i 为监测期初的土地利用类型；j 为监测期末的土地利用类型；n 为土地利用类型数量。土地利用转移矩阵用于分析研究期间研究区土地利用类型的变化方向和数量。采用 GIS 空间分析技术，将相邻时期土地利用矢量图进行叠合运算及空间统计，建立起不同土地利用类型间的转移矩阵。

二、偏最小二乘法

（一）概述

偏最小二乘法是一种普遍用于分析高维数据的多元统计技术，由 Wold 等

（1975；1984）开发。它起源于社会科学，并在许多领域开始使用，包括第一次化学计量学（Wold et al.，1984）、感官评价（Wold，2001）、统计学（Martens and Naes，1989）和生态学（Carrascal et al.，2009）。偏最小二乘法能够将预测模型的数据分析方法与非模型式的数据认识性分析方法有机地结合起来，同时实现多元线性回归分析、典型相关分析和主成分分析（王惠文，1999）。偏最小二乘法日益普及的原因是处理数据集中存在的多重共线性的功能更强大，特别是与传统统计方法相比，偏最小二乘法能处理变量的观察样本较少的情况（Garthwaite，1994）。

偏最小二乘法旨在研究预测因子（因变量）与响应（自变量）之间的关系。自变量数据集矩阵 $X_{m \times n}$ 由变量 m（列）和样本 n（行）组成。因变量数据集采用向量 $Y_{n \times 1}$ 表示，由变量 1 和样本 n 组成。本书中，自变量选取 13 个驱动因素，包括社会经济因素和自然因素，因变量是不同的土地利用类型，主要关注耕地、建设用地和水域。偏最小二乘法的基本思想是识别两组组件或因子（也称为潜在变量），最大化地解释自变量 X 和因变量 Y。有两个重要的图用于评估偏最小二乘法的适用性：t_1/u_1 散点图和 t_1/t_2 椭圆图。若 t_1 和 u_1 之间存在线性关系，表明 X 与 Y 显著相关，可以认为在 X 和 Y 之间构建偏最小二乘回归线性模型是合理的（Martens and Naes，1989）。假如样本数据中的 t_1/t_2 全部包含在椭圆图中，则这些样本数据是同质的且可以被完全接受。

（二）偏最小二乘法分析步骤

1. 数据预处理

设有 q 种土地利用类型（这里有 6 种），即 q 个因变量$\{y_1, y_2, \cdots, y_q\}$，$p$ 个影响因素，即 p 个自变量$\{x_1, x_2, \cdots, x_p\}$。为了研究因变量和自变量之间的统计关系，观察了 n 个样本点，由此构造出自变量和因变量的数据表：$X = \{x_1, x_2, \cdots, x_p\}_{n \times p}$ 以及 $Y = \{y_1, y_2, \cdots, y_q\}_{n \times q}$。首先将数据做标准化处理，标准化的目的是使样本点的集合重心与坐标原点重合，E_0 是自变量集合 X 的标准化矩阵（式（3-4）），F_0 是因变量集合 Y 的标准化矩阵（式（3-5））。

$$e_{0i} = \frac{x_i - \overline{x_i}}{S_{x_i}} \tag{3-4}$$

$$f_{0j} = \frac{y_j - \overline{y_j}}{S_{y_j}} \tag{3-5}$$

其中，$\overline{x_i}$、$\overline{y_j}$ 分别是向量 x_i、y_j 的平均值；S_{x_i}、S_{y_j} 分别为向量 x_i、y_j 的标准差，$i = 1, 2, \cdots, p, j = 1, 2, \cdots, q$，通过标准差标准化法将 X、Y 进行数据的标准化，分别形成 $E_0 = (e_{01}, e_{02}, \cdots, e_{0p})$矩阵，$F_0 = (f_{01}, f_{02}, \cdots, f_{0q})$矩阵。

2. 提取主成分

首先，从 F_0 中提取一个成分 u_1，$u_1 = F_0 c_1$，式中 c_1 为 F_0 的第一个轴，$\|c_1\| = 1$；从 E_0 中提取一个成分 t_1，$t_1 = E_0 w_1$，式中 w_1 为 E_0 的第一个轴，$\|w_1\| = 1$；t_1 是标准化变量 $x_1^*, x_2^*, \cdots, x_m^*$ 的线性组合，根据主成分分析原理，如果要 t_1 与 u_1 能分别很好地代表 X 与 Y 中的数据变异信息，需要满足：

$$\text{Var}(t_1) \to \max; \quad \text{Var}(u_1) \to \max \qquad (3\text{-}6)$$

由于回归建模的需要，要求 t_1 对 u_1 有最大的解释能力，由典型相关分析的思路可知，t_1 与 u_1 的相关度应达到最大，即 $r(t_1, u_1) \to \max$；问题则演化为求解下列优化问题：

$$\max <E_0 w_1, F_0 c_1> 1 \qquad (3\text{-}7)$$

$$\text{s.t.} \begin{cases} w_1^{\text{T}} w_1 = 1 \\ c_1^{\text{T}} c_1 = 1 \end{cases}$$

根据拉格朗日算法，可得

$$\text{s.t.} \begin{cases} E_0^{\text{T}} F_0 F_0^{\text{T}} E_0 w_1 = \theta_1^2 w_1 \\ F_0^{\text{T}} E_0 E_0^{\text{T}} F_0 c_1 = \theta_1^2 c_1 \end{cases} \qquad (3\text{-}8)$$

其中，θ_1 为优化问题的目标函数；w_1 为 $E_0^{\text{T}} F_0 F_0^{\text{T}} E_0$ 的特征向量；θ_1^2 为对应的最大特征值；c_1 为对应于矩阵 $F_0^{\text{T}} E_0 E_0^{\text{T}} F_0$ 最大特征值 θ_1^2 的单位特征向量。

当求得轴 w_1 后可得到成分 t_1，再分别求 E_0、F_0 对 t_1 的回归方程：

$$E_0 = t_1 p_1^{\text{T}} + E_1, \quad F_0 = t_1 r_1^{\text{T}} + F_1 \qquad (3\text{-}9)$$

其中，$p_1 = \dfrac{E_0^{\text{T}} t_1}{\|t_1\|^2}$，$r_1 = \dfrac{F_0^{\text{T}} t_1}{\|t_1\|^2}$；$E_1$、$F_1$ 分别为回归方程的残差矩阵。

同理，求出第 h 成分 t_h。

3. 确定主成分 t_h 的个数

利用交叉有效性检测法来确定有效的潜在变量（主成分）t_h 的最佳数量至关重要。把所有 n 个样本点分成两部分：第一部分是除去某个样本点 i 的所有样本点集合（共含 $n-1$ 个样本点），用这部分样本点并使用 m 个成分拟合一个回归方程；第二部分是把刚才被排除的样本点 i 代入前面拟合的回归方程，得到 y_j 在样本点 i 上的拟合值 $\hat{y}_{hj(-i)}$。对于每一个 $i = 1, 2, \cdots, n$，重复上述测试，则可以定义 y_j 的预测误差平方和为 PRESS_{hj}：

$$\text{PRESS}_{hj} = \sum_{i=1}^{n} (y_{ij} - \hat{y}_{hj(-i)})^2 \qquad (3\text{-}10)$$

如果回归方程的稳健性不好，PRESS_{hj} 会增大。采用所有的样本点拟合含 h 个成分的回归方程，记第 i 个样本点的预测值为 $\hat{y}_{hji}$，则可以定义 y_j 的误差平方和 SS_{hj} 为

$$\mathrm{SS}_{hj} = \sum_{i=1}^{n} (y_{ij} - \hat{y}_{hji})^2 \tag{3-11}$$

定义 Y 的误差平方和为 SS_h，则

$$\mathrm{SS}_h = \sum_{j=1}^{q} \mathrm{SS}_{hj} \tag{3-12}$$

一般来说，总是有 PRESS_h 大于 SS_h，而 SS_h 小于 $\mathrm{SS}_{(h-1)}$，$\mathrm{SS}_{(h-1)}$ 是全部样本点具有 $h-1$ 个成分的方程的拟合误差，PRESS_h 增加了一个成分 t_h，但却有样本点的扰动误差。如果 h 个成分回归方程的含扰动误差能在一定程度上小于 $h-1$ 个成分回归方程的拟合误差，则认为增加一个成分 t_h 会使预测精度明显提高。因此，我们希望 $\dfrac{\mathrm{PRESS}_h}{\mathrm{SS}_{(h-1)}}$ 越小越好。对于全部因变量 Y，t_h 的交叉有效性可定义为

$$Q_h^2 = 1 - \frac{\mathrm{PRESS}_h}{\mathrm{SS}_{(h-1)}} \tag{3-13}$$

当 $Q_h^2 \geqslant 0.0975$ 时，认为 t_h 的边际贡献是显著的。此外，引入 R_h^2 测量 t_h 对因变量的解释能力，R_h^2 是模型解释的因变量变化的百分比，它可以测量模型对数据的有效程度（h 为主要参数的数量）。R_{cum}^2 和 Q_{cum}^2 是偏最小二乘回归模型所选取的成分上的 R_h^2 和 Q_h^2 的累积程度。当 R_{cum}^2 和 Q_{cum}^2 大于 0.8 时，认为该模型具有良好的预测能力。综上，偏最小二乘回归模型运用 R_h^2、Q_h^2、R_{cum}^2、Q_{cum}^2 这四个统计参数来确定模型性能的可信度。

4. 确定重要驱动因素

偏最小二乘法中采用变量投影重要性（the variable importance in projection, VIP）确定驱动因素的相对重要性，具有较大 VIP 值的项与因变量最为相关。第 j 个预测变量的 VIP 值可写为

$$\mathrm{VIP}_j = \sqrt{\frac{N}{R_d(Y; t_1, t_2, \cdots, t_m)} \sum_{h=1}^{m} R_d(Y; t_h) w_{hj}^2} \tag{3-14}$$

其中，N 是输入变量的维数；m 是潜在变量的数量；$R_d(Y; t_1, t_2, \cdots, t_m)$ 是因变量组件的解释能力；w_{hj}^2 表示每个分量的权重向量，且表示变量 j 对于分量 h 的重要性；$j = 1, 2, \cdots, N, h = 1, 2, \cdots, m$。

当 VIP 值大于阈值时，即 $\mathrm{VIP}_j > S_{\mathrm{VIP}}$，应选择其预测变量作为输入变量。通常，将 VIP>1 作为变量选择的标准。采用 VIP 值识别不同驱动因素的重要性，尤其识别土地利用变化中的自然因素和社会经济因素之间的差异。

5. 偏最小二乘回归模型的建立

F_0 关于 $t_1, t_2, \cdots, t_h$ 的最小二乘回归方程为

$$F_0 = r_1 t_1 + r_2 t_2 + \cdots + r_h t_h + F_A \qquad (3\text{-}15)$$

其中，F_A 是残差部分，由于

$$t_i = E_{i-1} w_i = E_0 w_i^*, \quad i = 1, 2, \cdots, m, \quad w_i^* = \prod_{k=1}^{i-1} (I - w_k p_k^{\mathrm{T}}) w_i, \quad 所以有$$

$$
\begin{aligned}
F_0 &= r_1 E_0 w_1^* + r_2 E_0 w_2^* + \cdots + r_h E_0 w_h^* + F_A \\
&= E_0 (r_1 w_1^* + r_2 w_2^* + \cdots + r_h w_h^*) + F_A \qquad (3\text{-}16) \\
&= E_0 B + F_A
\end{aligned}
$$

然后将标准化后的 E_0 和 F_0 分别还原成原自变量 X 与原因变量 Y 的回归方程式，由此建立土地利用类型与影响因子的回归方程式。根据这个方程式，可以讨论各土地利用类型与各影响因子之间的相互作用关系。整个过程采用 PLS 法专门的 SIMCA 14.1 软件运行实现，其为偏最小二乘回归的计算和结果解释提供了有效的工具。

三、数据源

采用的数据源主要包括遥感影像、土地利用数据、武汉市行政区分布矢量图、地形图、《武汉统计年鉴》、气象数据等。以下部分主要依据偏最小二乘法构建模型需要的因变量和自变量来说明数据的来源。

（一）土地利用数据

武汉市土地利用数据包括 1990 年、1995 年、2000 年、2005 年、2010 年、2015 年共六期数据，取自中国科学院资源环境科学数据中心的全国土地利用数据库，包括耕地、林地、草地、水域、建设用地和未利用地 6 个一级土地利用类型（Liu et al.，2003；Deng et al.，2006；刘纪远等，2009）。利用 GIS 技术从六期土地利用现状数据集中提取武汉市土地利用空间分布数据，用于探讨 25 年来武汉市土地利用动态变化及其驱动因素。

（二）驱动因素数据

综合考虑影响土地利用变化的自然因素、社会经济因素，遵循全面性、代表

性、科学性、数据可获取性等多项原则，选取 13 个指标作为驱动因素，这些驱动因素涵盖了人口与城市化、经济与产业结构、社会与投资、技术进步、外部交通条件等影响武汉市土地利用结构变化的自然因素、社会经济因素。由于缺乏有关土地政策方面的长期数据，未考虑土地利用政策。

自然因素是土地利用变化程度的基本决定因素。气候条件，如降水量和温度，通过水资源供给量多寡来影响土地利用/覆盖的程度。因此，我们将年降水量（x_1）和年均温（x_2）作为武汉市土地利用变化驱动因素的气候因素。这些气候数据来自国家气象科学数据中心。社会经济因素包括人口（x_3）、城市化率（x_4）、地区生产总值（x_5）、第三产业占地区生产总值比重（x_6）、工业总产值（x_7）、农林牧渔产值（x_8）、社会消费品零售总额（x_9）、进出口总额（x_{10}）、城市居民年人均可支配收入（x_{11}）、旅客周转量（x_{12}）和货物周转量（x_{13}），以上数据来自《武汉统计年鉴》和《中国统计年鉴 2018》（中华人民共和国国家统计局，2018）。这些驱动因素的动态变化也将会对武汉市的土地利用变化产生影响。同时，为了在整个研究期间实现价格的可比性，根据每个因素的相应指数和一般消费者价格指数，将与价格相关的所有因素，即地区生产总值、工业总产值、农林牧渔产值、社会消费品零售总额、进出口总额、城市居民年人均可支配收入转换为 1990 年的不变价格。武汉市土地利用/覆盖变化的自然和社会经济驱动因素见表 3-1。

表 3-1　武汉市土地利用/覆盖变化驱动因素

指标编号	因子名称	单位	因子意义
x_1	年降水量	mm	自然因素
x_2	年均温	℃	
x_3	人口	万人	人口增长与结构
x_4	城市化率	%	
x_5	地区生产总值	亿元	宏观经济发展
x_6	第三产业占地区生产总值比重	%	第三产业
x_7	工业总产值	亿元	工业发展
x_8	农林牧渔产值	亿元	政府农业政策和价值取向的风向标
x_9	社会消费品零售总额	亿元	反映一定时期内人民物质文化生活水平的提高情况，反映社会商品购买力的实现程度，以及零售市场的规模状况
x_{10}	进出口总额	亿美元	社会进步
x_{11}	城市居民年人均可支配收入	元	居民生活水平
x_{12}	旅客周转量	亿人·公里	交通客运能力
x_{13}	货物周转量	亿吨·公里	交通货运能力

第三节　武汉市土地利用/覆盖变化动态分析

一、武汉市土地利用/覆盖变化动态特征

图 3-1 显示了武汉市土地利用/覆盖类型在 1990～1995 年、1995～2000 年、2000～2005 年、2005～2010 年、2010～2015 年五个时期数量上的净变化。后三个时期，即 2000～2005 年、2005～2010 年和 2010～2015 年的土地利用/覆盖变化更为剧烈。1990～1995 年，耕地和林地分别减少了 111.33km^2 和 20.54km^2。相比之下，同期建设用地、水域和未利用地面积各增加了 72.89km^2、43.28km^2 和 14.63km^2，这些变化趋势在 1995～2000 年有所减缓。至 2000 年底，建设用地和水域面积分别扩大了 34.35km^2 和 23.52km^2。大部分新增加的面积主要来自耕地和未利用地，耕地和未利用地的面积分别减少 33.04km^2 和 25.04km^2。2000～2005 年，耕地和建设用地的变化最显著。耕地面积减少了 135.06km^2，而建设用地面积则增加了 134.48km^2，增加的建设用地面积主要从耕地转化而来，其余四种土地利用/覆盖类型的面积在此期间相对稳定。2005～2010 年，耕地被建设用地占用的趋势进一步加剧，耕地面积减少了 343.62km^2，而建设用地面积增加了 259.19km^2。2010～2015 年，耕地缩减趋势放缓，但仍有 187.46km^2 的耕地被占用，建设用地扩张了 218.29km^2，还有一部分建设指标主要来源于占用水域，水域面积缩减了 24.22km^2。因此可知，耕地、建设用地和水域是武汉市在 1990～2015 年主要的土地利用/覆盖变化类型。

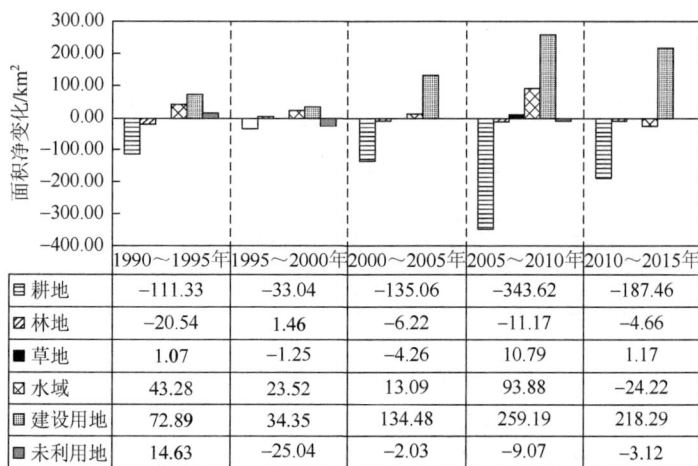

	1990～1995 年	1995～2000 年	2000～2005 年	2005～2010 年	2010～2015 年
▤ 耕地	−111.33	−33.04	−135.06	−343.62	−187.46
▨ 林地	−20.54	1.46	−6.22	−11.17	−4.66
■ 草地	1.07	−1.25	−4.26	10.79	1.17
▥ 水域	43.28	23.52	13.09	93.88	−24.22
▦ 建设用地	72.89	34.35	134.48	259.19	218.29
▦ 未利用地	14.63	−25.04	−2.03	−9.07	−3.12

图 3-1　五个时期武汉市各 LUCC 类型的净变化

1990～2015 年武汉市主要土地利用/覆盖类型的变化趋势在空间上呈现一定的特征。武汉市耕地面积占总面积的大部分，主要分布在平原地区，与河流和湖泊组成的网络纵横交错。相比之下，建设用地分布更加集中，主要位于武汉市中心城区，同时在整个研究区分布着一些农村居民点。长江和汉江沿岸的建设用地呈现出向外扩张的趋势，占用了大量的耕地和部分水域。水域也是武汉市的重要组成部分，具有重要的生态功能。与北部地区相比，中部和南部地区聚集有更多的湖泊和河流。在此期间，中部地区的一些水域转变为草地和建设用地，而新增的建设用地主要从耕地转化而来。林地主要分布在武汉市的西北和东北丘陵地区，南部有部分森林保护区或森林公园。整个研究期间，林地的土地利用模式相对稳定。草地和未利用地分布在偏远的山区和滨水区。由于地形、地貌、排水、灌溉以及生态保护的限制，未利用地的开发潜力非常有限。

二、武汉市土地利用/覆盖变化动态度分析

根据单一土地利用动态度双向模型、综合土地利用动态度双向模型及土地利用现状数据，计算得到武汉市 1990～1995 年、1995～2000 年、2000～2005 年、2005～2010 年、2010～2015 年五个时期土地利用变化的速率和不同土地利用类型之间互相转化的剧烈程度（表 3-2）。

表 3-2　1990～2015 年武汉市土地利用双向动态度及综合动态度　　（单位：%）

时段	1990～1995 年	1995～2000 年	2000～2005 年	2005～2010 年	2010～2015 年
草地	15.05	15.70	13.55	45.86	15.29
耕地	6.07	5.64	4.00	10.19	7.66
建设用地	21.66	21.84	23.35	42.98	27.65
林地	9.17	7.07	3.19	7.81	6.34
水域	12.52	11.14	6.76	16.61	7.05
未利用地	34.76	33.88	11.92	41.08	13.55
综合动态度	8.98	8.46	6.12	14.85	9.98

根据武汉市土地利用综合动态度计算结果可知，武汉市土地利用变化活跃程度在五个时期经历了一个"缓慢变化—缓慢变化—减缓变化—急剧变化—减缓变化"的过程，2005～2010 年综合动态度普遍高于其他时期，这时武汉市经济社会发展速度明显加快。土地作为人类活动的载体，是社会经济活动在地域空间上的

投影，反映在土地利用变化上也就更加剧烈。具体而言，建设用地单一土地利用双向动态度在每一个时期内均较高，2005～2010 年达到 42.98%，这种剧烈的变化程度主要来自其他土地利用类型向建设用地的转化。未利用地变化最为剧烈，五个时段其单一土地利用双向动态度分别为 34.76%、33.88%、11.92%、41.08%、13.55%；其次为草地，在 2005～2010 年单一土地利用双向动态度达到 45.86%；此外，水域变化也较为显著，主要空间分布特征为主城区水域面积减少，郊区水域面积扩大；相比之下，耕地、林地变化单一土地利用双向动态度最小。

三、武汉市土地利用/覆盖变化转移动态分析

利用土地利用转移矩阵，结合 GIS 空间分析技术，建立起不同土地利用类型间的转移矩阵（表 3-3）。

表 3-3　1990～2015 年武汉市土地利用转移矩阵　　（单位：km²）

时段	土地利用类型	耕地	林地	草地	水域	建设用地	未利用地	总计
1990～1995 年	耕地	5125.44	21.74	2.57	101.86	79.84	11.76	5343.21
	林地	24.75	767.07	1.48	16.43	3.92	1.07	814.72
	草地	1.53	0.96	67.25	1.39	0.94	0.08	72.15
	水域	58.71	2.94	1.61	1578.49	10.14	8.90	1660.79
	建设用地	19.02	1.30	0.21	1.98	522.73	0.12	545.36
	未利用地	2.43	0.17	0.10	3.92	0.68	76.78	84.08
1995～2000 年	耕地	5067.78	23.04	1.58	79.48	57.73	2.31	5231.92
	林地	17.82	766.81	1.80	3.24	4.33	0.16	794.16
	草地	1.77	1.41	66.85	1.20	1.89	0.10	73.22
	水域	59.34	2.22	0.89	1620.94	19.46	1.22	1704.07
	建设用地	43.05	1.97	0.78	4.12	567.91	0.42	618.25
	未利用地	9.12	0.17	0.07	18.61	1.28	69.48	98.73
2000～2005 年	耕地	5028.62	6.96	0.76	54.39	108.60	0.90	5200.23
	林地	4.97	780.30	0.34	2.20	8.23	0.06	796.10
	草地	0.50	0.89	65.01	4.10	1.49	0.03	72.02
	水域	24.13	0.72	1.53	1676.35	23.26	2.27	1728.26
	建设用地	6.08	0.95	0.09	1.73	643.71	0.12	652.68
	未利用地	0.87	0.06	0.03	2.58	1.87	68.30	73.71

续表

时段	土地利用类型	耕地	林地	草地	水域	建设用地	未利用地	总计
	耕地	4635.26	15.05	16.04	155.14	237.72	6.04	5065.25
	林地	16.95	753.45	1.18	2.15	16.10	0.05	789.88
2005～2010年	草地	0.90	1.01	57.63	2.90	5.14	0.19	67.77
	水域	49.42	6.63	1.81	1643.70	36.04	3.75	1741.35
	建设用地	17.57	2.23	1.23	18.37	747.61	0.16	787.17
	未利用地	1.53	0.34	0.67	12.97	3.75	52.42	71.68
	耕地	4446.85	16.40	3.58	41.92	211.51	1.21	4721.47
	林地	13.61	751.67	0.94	2.27	10.11	0.10	778.70
2010～2015年	草地	1.30	0.95	73.14	1.12	2.02	0.04	78.57
	水域	43.06	2.68	1.31	1758.46	28.61	1.12	1835.24
	建设用地	27.96	2.20	0.72	4.42	1010.85	0.21	1046.36
	未利用地	1.23	0.14	0.05	2.83	1.55	56.81	62.61

1990～1995 年，武汉市各种土地利用类型中，缩减最剧烈的土地利用类型为耕地，转出面积为 217.77km^2。其中，101.86km^2 转化为水域，79.84km^2 转化为建设用地，新开垦耕地资源以水域、林地为主。建设用地以转入为主，转入面积为 95.52km^2，仅转出 22.63km^2，减少面积主要为荒废农村居民点整理为耕地，总体而言，建设用地扩张具有很强的不可逆性。林地有 24.75km^2 开垦为耕地；水域有 58.71km^2 转换为耕地，主要来源于养殖水面还田。此外，水域有 10.14km^2 被建设用地占用，其他土地利用类型之间的转换面积较小。

1995～2000 年，武汉市各种土地利用变化趋势为耕地、未利用地面积缩减，建设用地、水域面积增长，林地、草地面积相对稳定。各土地利用类型间具体转化方向为：耕地的主要转移去向为水域、建设用地和林地，面积分别为 79.48km^2、57.73km^2、23.04km^2。建设用地中有 43.05km^2 复垦为耕地，主要来源是对荒废农村居民点的整理改造；水域分别有 59.34km^2、19.46km^2 转化为耕地和建设用地；未利用地有 9.12km^2 开垦为耕地，有 18.61km^2 转化为水域；林地的转出和转入面积均很小，且面积相当，净面积基本保持平衡。

2000～2005 年，武汉市土地利用动态变化速度放缓。耕地向其他土地利用类型转移的面积最大，转移方向主要为建设用地，面积达 108.60km^2，新开垦耕地资源以水域为主；水域转移的主要方向为耕地和建设用地，而水域面积新增来源主要为耕地，表明耕地和水域间相互转化频繁；其他土地利用类型面积变化较小。

　　2005～2010 年是武汉市土地利用动态变化最剧烈的五年，变化总趋势与前几期一致，耕地、林地、未利用地持续缩减，建设用地扩张趋势愈演愈烈。具体表现为：林地和未利用地面积分别缩减 11.17km² 和 9.07km²，向其他土地利用类型均有不同幅度的转化；耕地和林地之间互相转化面积相当，只是在空间分布上发生了调整，这是市场经济规律作用于土地资源配置和农业结构调整的直接结果；城市建设用地的扩张主要来源于耕地及水域的转化，武汉市城市建设用地多分布于大大小小的湖泊之间，为了扩张城市空间，填湖造地等行为时有发生，水域有 36.04km² 转化为建设用地；耕地有 237.72km² 转化为建设用地，且多为城市周边的优质耕地，此外，耕地有 155.14km² 转化为水域，主要原因是水田转化为养殖水面。

　　2010～2015 年，武汉市土地利用动态变化速度放缓，经过前期的土地利用结构调整，布局逐渐趋于稳定。主要转变仍然来自耕地向建设用地转化，面积达211.51km²，水域与耕地、耕地与林地的相互转化面积相当，净面积保持基本平衡。建设用地有 27.96km² 转化为耕地。

第四节　武汉市土地利用/覆盖变化驱动因素研究

一、驱动因素数据预处理

　　由《武汉统计年鉴》数据库获取 1990～2015 年的人口、城市化率、地区生产总值、第三产业占地区生产总值比重、农林牧渔产值、社会消费品零售总额、工业总产值、进出口总额、城市居民年人均可支配收入、旅客周转量、货物周转量的统计数据；气象数据（年降水量、年均温）采用中国气象科学数据共享服务网发布的中国地面国际交换站气候资料日值数据集，形成了土地利用变化驱动机制模型的自变量集合（表3-4）。在进行偏最小二乘法分析前，需要先判断自变量之间是否存在严重多重相关性，计算自变量 Pearson 相关系数（表 3-5）。各自变量间并非相互独立的，而是存在相关关系，而且大部分属高度相关，例如，城市居民年人均可支配收入与地区生产总值的 Pearson 相关系数达到 0.999，这表明存在严重多重相关性，如果采用普通最小二乘法来构建模型，那么变量的严重多重相关性会严重危害参数估计，同时扩大模型误差。根据不同土地利用类型的面积（因变量）与各驱动因素（自变量）的 Pearson 相关系数（表 3-6）可知，因变量与自变量之间关系密切，影响作用方向不同，有待输入偏最小二乘法模型进一步挖掘其内在的驱动关系。

表 3-4　武汉市 1990~2015 年驱动因素数据

年份	年降水量 x_1 mm	年均温 x_2 ℃	人口 x_3 万人	城市化率 x_4 %	地区生产总值 x_5 亿元	第三产业占地区生产总值比重 x_6 %	工业总产值 x_7 亿元	农林牧渔产值 x_8 亿元	社会消费品零售总额 x_9 亿元	进出口总额 x_{10} 亿美元	城市居民年人均可支配收入 x_{11} 元	旅客周转量 x_{12} 亿人·公里	货物周转量 x_{13} 亿吨·公里
1990	1 355.00	17.17	669.75	55.90	176.83	32.40	303.15	36.86	95.73	3.56	1 555.80	127.25	645.75
1991	1 795.20	16.48	677.03	56.20	195.93	39.60	318.31	34.80	109.12	4.81	1 771.68	141.37	679.82
1992	1 116.40	16.80	684.46	56.40	221.40	40.10	353.00	39.43	123.53	4.85	2 116.73	167.10	713.36
1993	1 584.60	16.27	691.69	56.00	264.13	40.30	421.13	42.54	170.47	5.54	2 872.90	168.90	724.90
1994	1 045.50	17.39	700.01	56.50	316.43	41.00	515.05	46.54	234.40	10.99	3 769.80	179.70	723.40
1995	1 296.30	17.43	710.01	57.30	369.27	41.40	590.24	52.13	298.62	11.89	4 453.90	181.00	751.60
1996	1 319.50	16.81	715.94	58.00	428.35	44.00	722.46	56.66	373.87	7.66	4 915.86	171.09	739.81
1997	946.60	17.62	723.90	58.40	490.89	45.10	859.00	61.42	437.80	8.57	5 573.04	181.26	673.70
1998	1 729.20	18.19	731.79	58.60	545.87	47.50	968.09	61.24	491.65	7.61	5 912.52	185.81	643.38
1999	1 380.60	17.65	740.20	58.90	605.92	49.10	1 036.34	65.46	539.34	7.51	6 262.08	206.89	636.11
2000	1 179.80	17.73	749.19	58.90	678.63	49.00	1 177.60	68.93	605.68	8.72	6 760.68	220.02	638.61
2001	899.80	18.09	758.23	59.20	760.06	50.00	1 352.00	72.79	685.63	9.30	7 305.00	252.0	722.70
2002	1 516.10	18.08	768.10	60.80	849.75	50.50	1 500.85	76.58	769.97	9.63	7 820.28	266.0	737.70
2003	1 386.10	17.54	781.19	61.70	952.57	50.90	1 698.82	81.55	853.89	13.41	8 524.56	266.40	764.00
2004	1 572.20	18.29	785.90	61.70	1 090.69	50.70	2 046.23	86.61	960.63	17.79	9 564.05	317.60	835.20
2005	1 116.60	17.87	801.36	62.80	1 251.02	49.60	2 278.06	91.37	1 088.39	24.94	10 849.72	507.80	1 277.70

续表

年份	年降水量 x_1 mm	年均温 x_2 ℃	人口 x_3 万人	城市化率 x_4 %	地区生产总值 x_5 亿元	第三产业占地区生产总值比重 x_6 %	工业总产值 x_7 亿元	农林牧渔产值 x_8 亿元	社会消费品零售总额 x_9 亿元	进出口总额 x_{10} 亿美元	城市居民年人均可支配收入 x_{11} 元	旅客周转量 x_{12} 亿人·公里	货物周转量 x_{13} 亿吨·公里
2006	1 047.10	18.39	818.84	63.40	1 436.17	49.40	2 693.35	96.03	1 247.30	31.85	12 359.98	541.17	1 274.76
2007	1 023.20	18.58	828.21	63.80	1 660.22	50.10	3 415.17	99.88	1 464.33	38.04	14 357.64	596.70	1 418.00
2008	1 266.80	17.70	833.24	64.50	1 910.91	50.20	5 324.25	103.37	1 783.55	50.49	16 712.44	634.51	1 750.01
2009	1 158.00	17.90	835.55	65.00	2 172.70	50.40	5 867.33	106.37	2 086.76	41.70	18 385.02	652.80	1 900.06
2010	1 337.90	16.62	836.73	65.10	2 492.09	51.40	7 445.64	111.16	2 479.07	63.71	20 806.32	747.45	2 263.60
2011	976.20	16.30	827.24	66.10	2 803.60	48.90	8 994.33	115.60	2 925.30	76.44	23 738.09	873.84	2 644.18
2012	1 492.50	16.40	821.71	67.50	3 123.21	48.00	10 316.50	122.19	3 346.54	66.41	27 061.00	897.34	2 910.22
2013	1 434.20	17.10	822.05	67.60	3 435.53	47.70	11 791.76	127.69	3 781.59	69.31	29 821.22	1 011.82	2 555.96
2014	1 148.40	16.70	827.31	67.60	3 768.78	49.00	13 242.14	134.07	4 261.85	82.64	33 270.39	1 059.22	3 025.72
2015	1 432.70	16.80	829.27	70.60	4 100.43	51.00	14 142.61	140.51	4 756.23	86.56	36 436.00	1 102.36	2 951.92

表 3-5　自变量 Pearson 相关系数

指标	年降水量	年均温	人口	城市化率	地区生产总值	第三产业占地区生产总值比重	工业总产值	农林牧渔产值	社会消费品零售总额	进出口总额	城市居民年人均可支配收入	旅客周转量	货物周转量
年降水量	1.000												
年均温	-0.227	1.000											
人口	-0.223	0.154	1.000										
城市化率	-0.102	-0.083	0.931**	1.000									
地区生产总值	-0.070	-0.272	0.836**	0.966**	1.000								
第三产业占地区生产总值比重	-0.154	0.382	0.836**	0.692**	0.548**	1.000							
工业总产值	-0.025	-0.378	0.746**	0.920**	0.988**	0.446*	1.000						
农林牧渔产值	-0.150	-0.044	0.949**	0.992**	0.959**	0.735**	0.908**	1.000					
社会消费品零售总额	-0.045	-0.313	0.789**	0.946**	0.996**	0.508**	0.996**	0.937**	1.000				
进出口总额	-0.120	-0.342	0.816**	0.935**	0.980**	0.485**	0.972**	0.927**	0.972**	1.000			
城市居民年人均可支配收入	-0.076	-0.254	0.848**	0.970**	0.999**	0.561**	0.984**	0.963**	0.993**	0.979**	1.000		
旅客周转量	-0.121	-0.262	0.849**	0.963**	0.991**	0.526**	0.973**	0.954**	0.980**	0.986**	0.992**	1.000	
货物周转量	-0.085	-0.409*	0.776**	0.917**	0.976**	0.426*	0.977**	0.903**	0.971**	0.987**	0.973**	0.980**	1.000

**表示在 0.01 水平（双侧）上显著相关。
*表示在 0.05 水平（双侧）上显著相关。

表 3-6　武汉市自变量与因变量 Pearson 相关系数

变量	草地	耕地	建设用地	林地	水域	未利用地
年降水量	0.005	0.108	−0.097	0.191	−0.175	0.101
年均温	−0.625**	0.236	−0.235	0.047	−0.105	−0.041
人口	0.436*	−0.883**	0.876**	−0.927**	0.943**	−0.915**
城市化率	0.634**	−0.973**	0.976**	−0.941**	0.942**	−0.912**
地区生产总值	0.787**	−0.990**	0.995**	−0.909**	0.919**	−0.856**
第三产业占地区 生产总值比重	0.120	−0.593**	0.585**	−0.760**	0.718**	−0.737**
工业总产值	0.848**	−0.966**	0.973**	−0.859**	0.868**	−0.792**
农林牧渔产值	0.621**	−0.970**	0.972**	−0.962**	0.958**	−0.919**
社会消费品 零售总额	0.808**	−0.975**	0.983**	−0.885**	0.886**	−0.823**
进出口总额	0.819**	−0.982**	0.982**	−0.893**	0.918**	−0.811**
城市居民年人均 可支配收入	0.774**	−0.991**	0.996**	−0.912**	0.923**	−0.865**
旅客周转量	0.767**	−0.989**	0.992**	−0.904**	0.922**	−0.851**
货物周转量	0.847**	−0.973**	0.974**	−0.867**	0.899**	−0.790**

**表示在 0.01 水平（双侧）上显著相关。
*表示在 0.05 水平（双侧）上显著相关。

二、偏最小二乘法参数与模型精确度分析

依次提取 t_h（$h=1,2,3$），得到 R_h^2、R_{cum}^2、Q_h^2、Q_{cum}^2，见表 3-7。R_h^2、Q_h^2 两个指标用于确定主成分的数量。当提取 3 个主成分时，对于所有土地利用类型而言，$Q_h^2 \leq 0$，未能满足 $Q_h^2 \geq 0.0975$ 的决策原则。此外，当 R_{cum}^2、Q_{cum}^2 均大于 0.8 时，认为回归结果是理想的。因此，提取 2 个主成分对于总土地利用及绝大多数土地利用类型都是最佳的。表 3-7 显示，提取 2 个主成分时，成分对变量的累积解释能力达到 0.918，累积交叉有效性为 0.906。此外，作 t_1/u_1 散点图（图 3-2），其中 u_1 是提取一个主成分 t_1 后因变量 Y 的第一个成分，明显观察到 t_1 与 u_1 之间存在线性关系，说明 X 和 Y 之间有显著的相关关系，因此认为采用偏最小二乘法对土地利用类型和各社会经济指标之间建立的回归方程是合理的。由 t_1/t_2 椭圆图（图 3-3）可知，数据不存在异常点。

表 3-7　留一法交叉有效性验证各参数值

地类	成分 h	R_h^2 成分对变量的解释能力	R_{cum}^2 成分对变量的累积解释能力	Q_h^2 交叉有效性	Q_{cum}^2 累积交叉有效性
合计	1	0.851	0.851	0.845	0.845
	2	0.067	0.918	0.062	0.906
	3	0.003	0.922	−0.008	0.899

地类	成分 h	R_h^2 成分对变量的解释能力	R_{cum}^2 成分对变量的累积解释能力	Q_h^2 交叉有效性	Q_{cum}^2 累积交叉有效性
草地	1	0.549	0.549	0.548	0.548
	2	0.270	0.818	0.246	0.794
	3	0.009	0.828	−0.021	0.774
耕地	1	0.991	0.991	0.990	0.990
	2	0.001	0.992	0.001	0.991
	3	0.000	0.992	0.000	0.991
建设用地	1	0.995	0.995	0.995	0.995
	2	0.001	0.997	0.001	0.996
	3	0.000	0.997	0.000	0.996
林地	1	0.886	0.886	0.873	0.873
	2	0.042	0.928	0.039	0.912
	3	0.001	0.928	−0.003	0.909
水域	1	0.904	0.904	0.886	0.886
	2	0.023	0.926	0.026	0.911
	3	0.000	0.927	−0.009	0.903
未利用地	1	0.782	0.782	0.777	0.777
	2	0.068	0.850	0.052	0.828
	3	0.010	0.860	−0.010	0.818

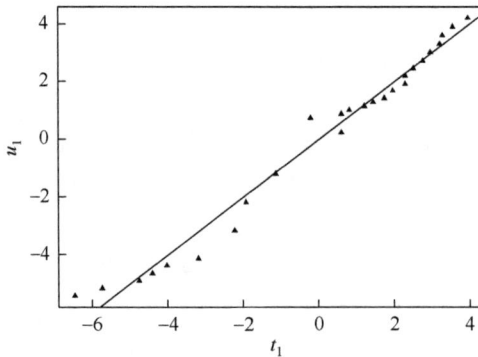

图 3-2　t_1/u_1 散点图

三、驱动因素重要性分析

为深入分析变量的解释能力,变量的重要性由变量在投影中的重要性,即 VIP 指标来确定。一般认为,当 VIP 值大于 1.0 时,自变量起着非常重要的作用。当 VIP 值大于 0.5 且小于 1.0 时表示解释能力弱(马明德等,2014)。从 VIP 直方图 3-4 可以看出,1990～2015 年的 25 年间,年降水量(x_1)对土地利用动态变化的影响不大,其 VIP 值仅为 0.192。结果表明,在影响土地利用变化的解释变量中,各自变量对武汉市土地利用系统的驱动强度不同，由强到弱的排序为：x_8（农林牧渔产值）＞x_{11}（城市居民年人均可支配收入）＞x_5（地区生产总值）＞x_{12}（旅客周转量）＞x_4（城市化率）＞x_{10}（进出口总额）＞x_{13}（货物周转量）＞x_9（社会消费品零售总额）＞x_7（工业总产值）＞x_3（人口）＞x_6（第三产业占地区生产总值比重）＞x_2（年均温）＞x_1（年降水量）。x_8（农林牧渔产值）、x_{11}（城市居民年人均可支配收入）和 x_5（地区生产总值）是土地利用变化最重要的影响因素，而两个自然因素，即 x_2（年均温）和 x_1（年降水量）对土地利用变化的影响最不显著。这里，我们获得了整个土地系统中自变量的 VIP 值，这可为本节第四部分"不同土地利用类型与驱动因素关系分析"提供重要的参考基础。

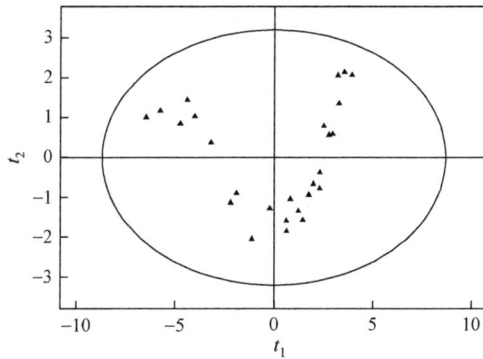

图 3-3 t_1/t_2 椭圆图

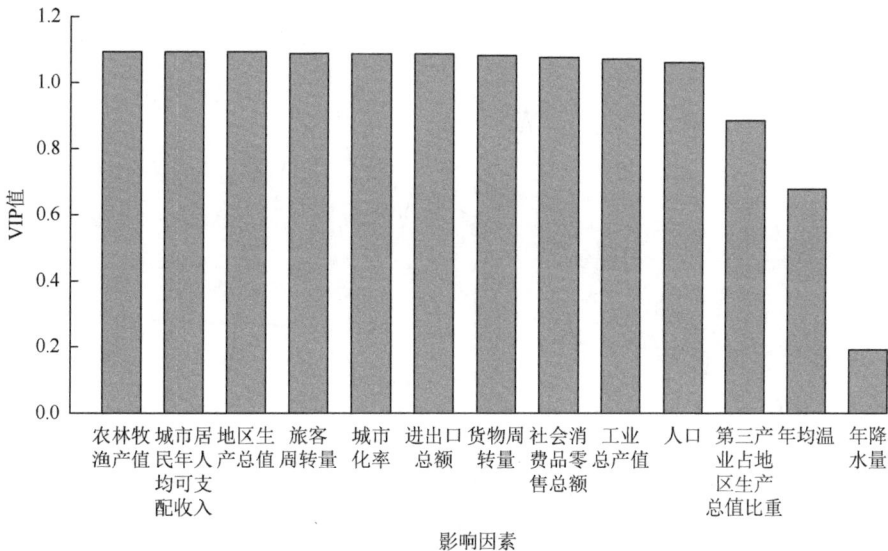

图 3-4 各指标的 VIP 图

　　关于自然因素，特别是气候因素，现有研究为气候因素如何影响全球土地利用变化提供了大量论据（Peng et al.，2011）。例如，温度或降雨模式的变化可能会影响作物产量、农场盈利能力、地区生产力成本以及面临饥饿风险的人数（Rosenzweig and Parry，1994）。武汉市在过去的 25 年里，通过观察年降水量的波动趋势（图 3-5）和年均温的波动趋势（图 3-6），可以看出尽管土地利

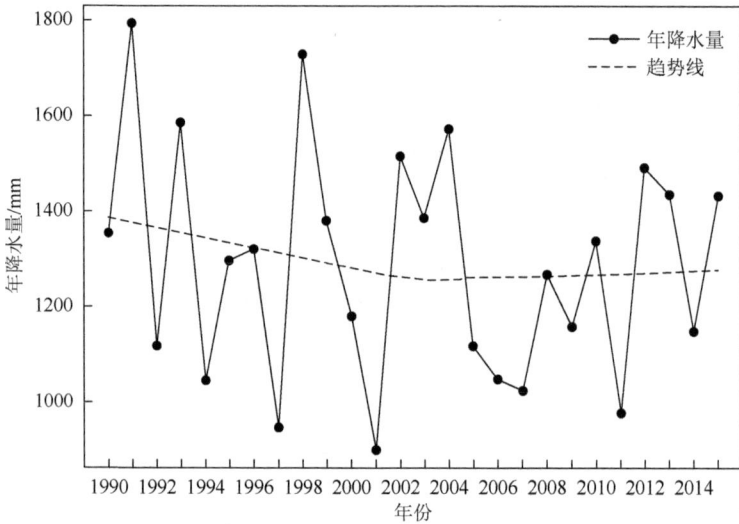

图 3-5　年降水量图

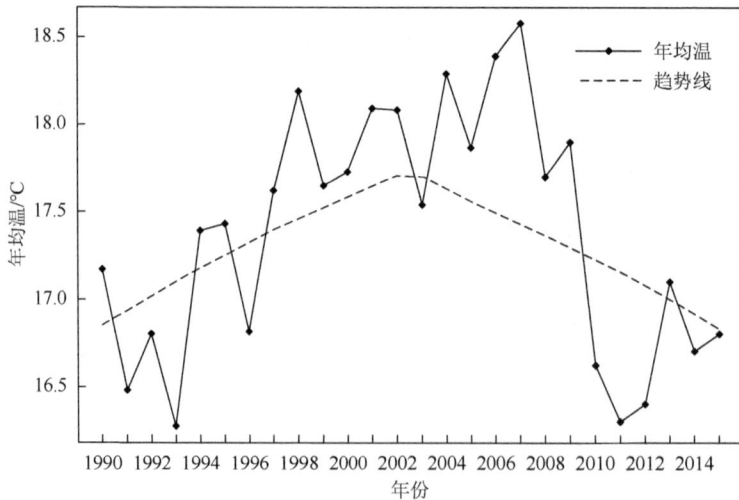

图 3-6　年均温图

用变化对区域和全球气候变化的影响被很好地记录下来（IPCC，2014），但温度变化降低了森林的再生能力（Davin and de Noblet-Ducoudre，2010），进而对土地利用变化产生影响。与此同时，年降水量减少使得需要增加灌溉设施，进而增加建设灌溉设施的土地。由此可知，社会经济因素和自然因素共同作用导致土地利用变化。在下一部分将对这些变量与三种主要土地利用类型之间的关系进行详细分析。

四、不同土地利用类型与驱动因素关系分析

（一）耕地及驱动因素

为了揭示每个自变量对耕地影响的方向和强度，采用偏最小二乘法建立回归方程（3-17）。值得一提的是，利用 13 个社会经济因素与自然因素变量来建立模型，不仅是为了比较 13 个变量的 VIP 值，还在于区分社会经济因素和自然因素对土地利用变化的贡献差异。

$$y_1 = 0.001 + 0.009x_1 + 0.035x_2 - 0.084x_3 - 0.096x_4 - 0.101x_5 - 0.053x_6 - 0.101x_7$$
$$- 0.095x_8 - 0.100x_9 - 0.101x_{10} - 0.101x_{11} - 0.100x_{12} - 0.101x_{13} \quad (R^2 = 0.992)$$

$$(3\text{-}17)$$

由式（3-17）可知，方程具有很好的拟合程度，模型精度高，这些指标对耕地变化具有较好的解释能力。所选取的各类因素对 1990～2015 年耕地变化的相关影响程度依次为：x_{13}（货物周转量）＞x_{10}（进出口总额）＞x_5（地区生产总值）＞x_{11}（城市居民年人均可支配收入）＞x_7（工业总产值）＞x_9（社会消费品零售总额）＞x_{12}（旅客周转量）＞x_4（城市化率）＞x_8（农林牧渔产值）＞x_3（人口）＞x_6（第三产业占地区生产总值比重）＞x_2（年均温）＞x_1（年降水量）（图 3-7）。除 x_1（年降水量）、x_2（年均温）对耕地产生正向影响以外，其他 11 个因素对耕地历年面积变化的影响均为负。货物周转量、进出口总额、地区生产总值、城市居民年人均可支配收入和工业总产值对耕地变化的影响最为显著，其影响程度相当，这五个因素每提高 1 个单位，耕地面积均会减少 0.101 个单位。货物周转量是反映交通运输能力的重要指标。毫无疑问，交通环境的改善需要大量的土地来支撑，而从土地利用变化的空间格局图中也可以发现，公路、铁路的选址往往与优质的耕地资源相重合，这意味着在交通建设的过程中，大量的优质耕地资源被征收。其余几个因素均是反映社会经济发展程度的重要指标，经济活动和经济产出的增加使得建设用地的刚性需求增加，而建设用地的主要来源是耕地。

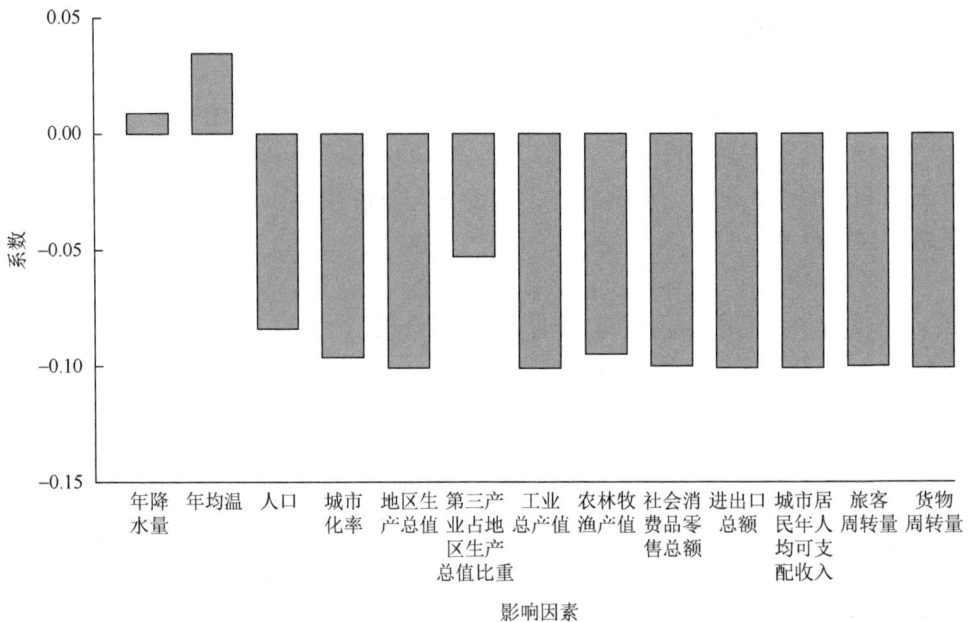

图 3-7　耕地回归方程系数图

（二）建设用地及驱动因素

驱动因素与建设用地之间的回归方程如下：

$$y_2 = -0.008x_1 - 0.040x_2 + 0.082x_3 + 0.095x_4 + 0.102x_5$$
$$+ 0.050x_6 + 0.102x_7 + 0.095x_8 + 0.101x_9 + 0.102x_{10} + 0.101x_{11} \quad (3\text{-}18)$$
$$+ 0.101x_{12} + 0.103x_{13} \ (R^2 = 0.997)$$

如图 3-8 和式（3-18）所示，系数的符号与耕地完全相反。除 x_1（年降水量）、x_2（年均温）对建设用地产生负向影响外，其他 11 个因素均有正向影响。$R^2 = 0.997$ 表明，这 13 个变量可以预估 99.7% 的建设用地变化信息。此外，大部分社会经济因素均促成了建设用地的增加。与涉及的其他因素相比，x_{13}（货物周转量）、x_5（地区生产总值）、x_7（工业总产值）、x_{10}（进出口总额）具有较高的解释能力。当这四个因素分别增加 1 个单位时，建设用地面积将分别增加 0.103、0.102、0.102、0.102 个单位。接下来的第二组因素是 x_{11}（城市居民年人均可支配收入）、x_9（社会消费品零售总额）和 x_{12}（旅客周转量），当这些因素增加 1 个单位时，将使建设用地面积增加 0.101 个单位。这三个因素有一些相似之处，都反映了社会经济的发展和人民生活水平的提高。在此过程中，地方政府为了城市发展而扩大公共财政，包括城市更新，改善关键基础设施，提供更多教育用地（如建设大学城），改善城市医疗设施（如提供更多床位和医护人员），建设城市公园、公共绿地、主题娱乐设施等，这些公共设施的建设在大大地改善了城市人居环境的同时，也导致了建设用地的大量扩张（Wu and Zhang，2012）。而城市居民年人均可支配收入的提高进一步刺激了居民对城市居住空间的有效需求。相反，年降水量和年均温对建设用地的变化产生了负面影响，因为降水量的增加可以促进森林的再生能力（Huang et al.，2015）。

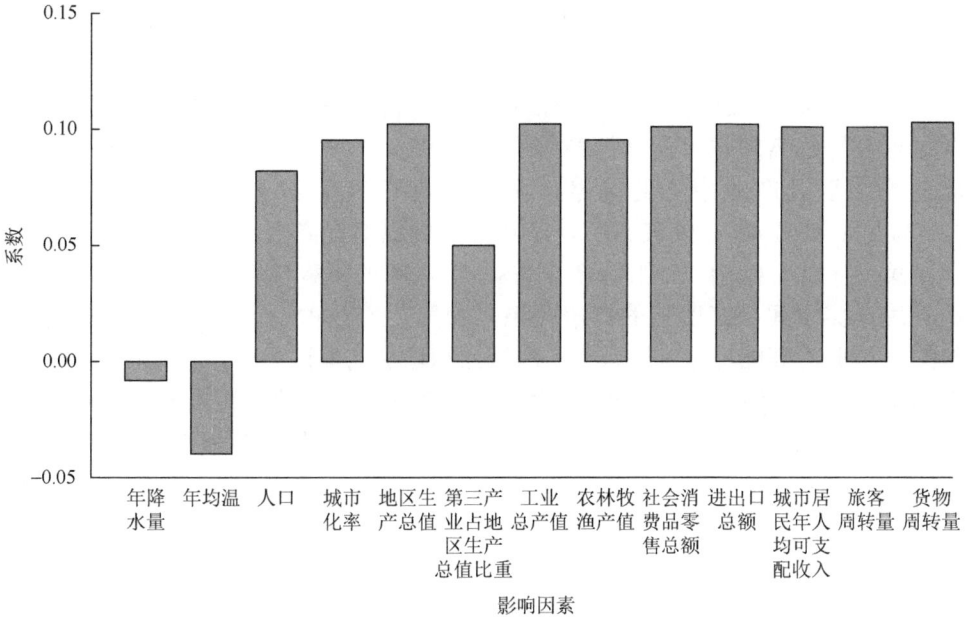

图 3-8　建设用地回归方程系数图

（三）水域及驱动因素

驱动因素与水域之间的回归方程如下：

$$y_3 = -0.028x_1 + 0.055x_2 + 0.127x_3 + 0.108x_4 \\ + 0.086x_5 + 0.123x_6 + 0.070x_7 + 0.112x_8 \\ + 0.079x_9 + 0.079x_{10} + 0.089x_{11} + 0.088x_{12} \\ + 0.072x_{13} \ (R^2 = 0.926) \tag{3-19}$$

由式（3-19）可知，方程具有很好的拟合程度，模型精度高。所选取的各类因素对 1990～2015 年水域变化的相关影响程度依次为（图 3-9）：x_3（人口）＞x_6（第三产业占地区生产总值比重）＞x_8（农林牧渔产值）＞x_4（城市化率）＞x_{11}（城市居民年人均可支配收入）＞x_{12}（旅客周转量）＞x_5（地区生产总值）＞x_{10}（进出口总额）＞x_9（社会消费品零售总额）＞x_{13}（货物周转量）＞x_7（工业总产值）＞x_2（年均温）＞x_1（年降水量）。所选取的各类因素对 1990～2015 年水域变化的相关影响方向为：x_1（年降水量）对水域变化的影响为负，其他 12 个因素为正向影响。人口、第三产业占地区生产总值比重、农林牧渔产值和城市化率是对水域变化影响最大的四个因素。武汉市的户籍人口在研究期内由 669.75 万人增加到 829.27 万人，人口城市化率也由 55.90%增至 70.60%，城市面积扩张十分明显，人们的生活水平也有显著改善，这些变化增加了对游憩、生态空间的需求，水域（尤其是湖泊）作为武汉市最主要的生态资源，对改善城市环境、调节气候、防洪调蓄等有着十分重要的作用。虽然远城区仍有水域被占用（主要为坑塘水面），但在主城区内，江河湖泊得到了严格保护。此外，不同的产业结构对土地利用的需求也不同（郑树峰等，2007）。1990～2015 年，由于供需格局的变化以及产业中心的调整，武汉市第三产业占地区生产总值比重由32.4%上升至 51.4%，突破 50%，对经济的贡献率提高十分明显，而在此过程中，第一产业份额由 15.6%降至 3.1%，产业间的演替使得农业用地与建设用地等用地类型间存在明显的竞争关系，而第三产业占地区生产总值比重上升与第一产业的萎缩，是耕地减少、水域面积增加的原因之一。农林牧渔产值反映的是农业内部结构，1990 年，农业、林业、畜牧业和渔业的比重分别为 61.3%、0.9%、24.6%和 13.2%；而到 2015 年，它们的比例逐步调整为 57.9%、1.6%、

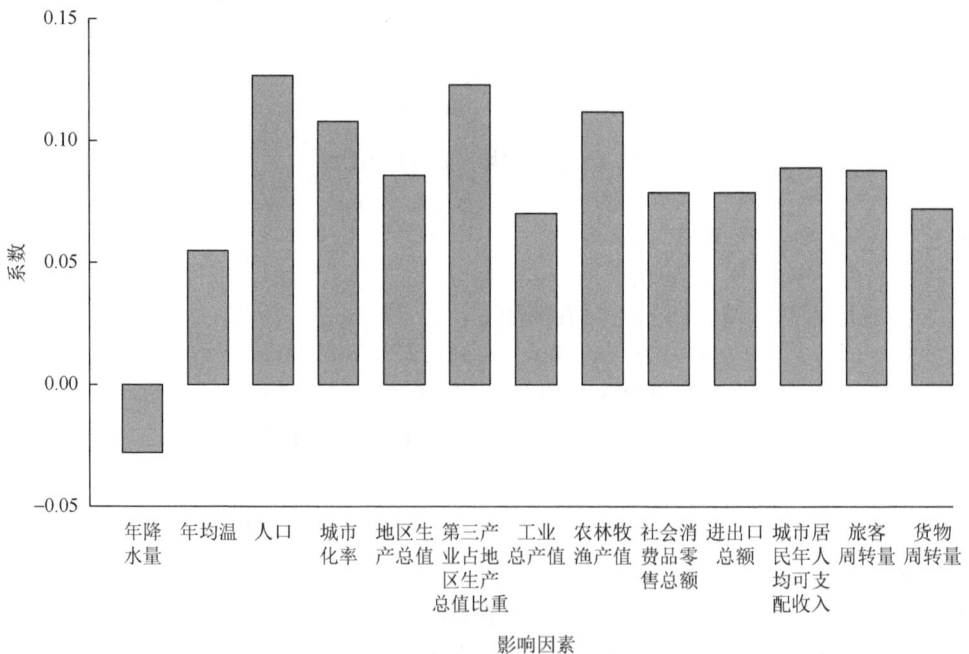

图 3-9　水域回归方程系数图

21.8%和 14.8%（还包括 3.9%农林牧渔服务业产值）。比重的变化阐释了武汉市农业结构调整的方向。由武汉市的历史资料可知，由于存在价格的差异，受利益驱动，农民更愿意将耕地由种植粮食转向经营经济作物、果树、茶树，培育经济林或水产养殖，因此耕地则被转化为林地或水域。

此外，年均温对水域变化的影响也值得关注，1%的年均温变化会引起水域面积变化 0.055%，这一结论与我们的普遍认知非常吻合，即气候变化会对水资源产生一定的影响。根据 Frederick 和 Major（1997）以及 Arnell 等（2011）的研究，气候变化会直接影响大气水文循环，改变着洪涝、径流量，从而影响季节性的水供应量。Piao 等（2010）的研究也表明：温度的上升会增加土壤的水分蒸发量，从而导致黄河流域水资源的减少。参考图 3-5 和图 3-6 所示的年降水量和年均温变化可知，武汉市年降水量整体上呈先下降后平稳的趋势，而年均温整体上有先升高后下降的趋势，其对武汉市水域面积产生了一定的影响，但其影响仍不及诸多社会经济驱动因素对水域的积极贡献。大量的城市人口极大程度地刺激了对饮用水资源和观赏水资源的需求。同时，水资源对于生态环境的重要作用，也使得武汉市的水域面积在研究期内不降反而增加了149.55km^2。

第五节　本 章 小 结

通过 GIS 和 PLS 法相结合的方法，探讨了武汉市土地利用/覆盖变化过程以及社会经济因素和自然因素对土地利用变化的驱动机制。结果表明，武汉市土地利用格局发生了显著变化，净增加与净减少变化速度不同。在 1990～2015 年，建设用地面积增加了 719.20km^2，水域面积也增加了 149.55km^2。耕地面积减少幅度最大，达到 810.51km^2。增加的建设用地主要是为了经济发展而从耕地转化而来的。根据 VIP 值，社会经济因素在土地利用变化中占主导地位。农林牧渔产值、城市居民年人均可支配收入、地区生产总值是土地利用变化最重要的影响因素。而自然因素，如气温、降水量是慢变量，由于本书仅考虑 25 年研究段，因此自然因素对土地利用变化的影响相对较小。

对于武汉市的三类重要用地，即耕地、建设用地和水域而言，所选因素对其影响强弱是有差异的。对耕地而言，货物周转量、进出口总额、地区生产总值、城市居民年人均可支配收入、工业总产值对耕地变化的影响最为显著；对于建设用地而言，货物周转量、地区生产总值、工业总产值、进出口总额对建设用地具有较高的解释能力；对于水域而言，人口、第三产业占地区生产总值比重、农林牧渔产值对水域变化的影响最大。

研究表明，区域尺度上的综合驱动力对土地利用变化的影响强烈。偏最小二乘法是一种新型的多元统计数据分析方法，有助于消除变量之间的相互依赖关系，这方面要比传统的多元线性回归具有更好的效果。但是，偏最小二乘法也有一定的局限性。由于驱动因素与土地利用变化之间的相互作用是动态的、非线性的，偏最小二乘法是一种线性建模方法，其回归系数不能完全解释驱动因素与土地利用变化之间的非线性关系。因此，为了探讨土地利用变化复杂动态过程的详细信息，可以构建一个混合偏最小二乘回归和非线性模型，如反向传播神经网络（backpropagation neural network，BPNN），以反映驱动因素与土地利用变化之间可能存在的非线性关系，这也是未来更好地建立土地利用变化动态模型的方向。

第四章 武汉市土地系统整体脆弱性评价

系统脆弱性是系统本身的一种属性。通常情况下，系统需要受到扰动源的扰动才有可能表现出脆弱性。快速城市化区域的土地系统受到频繁的土地利用转化扰动，导致土地系统结构发生显著改变。例如，城市"摊煎饼"式、"蛙跳"式的扩张模式，使得大量农田被建设用地侵占，许多具有特殊生态价值的土地（如湿地、荒漠）丧失其生态功能（喻锋等，2015），如生物多样性损失、生态系统服务功能受损，以致快速城市化区域的生态环境系统脆弱性呈现出极为稳定且居高不下的态势（方创琳和王岩，2015）。面对国内外城市化发展过程造成的土地系统脆弱性问题，需要我们思考以下问题：快速城市化区域土地系统脆弱性的形成机制是什么？如何评价土地系统脆弱性？本章首先从"源-路径-受体-影响"（SPRC）概念模型出发探讨土地系统脆弱性的形成机制，提出了"整体脆弱性-结构脆弱性与生态功能脆弱性"的"双层结构"脆弱性分析理论框架；其次在 IPCC 框架下，提出暴露-敏感-适应能力的脆弱性评价方法，并以武汉市为案例，揭示暴露、敏感、适应能力以及脆弱性的时空分异特征；最后对整体脆弱性、结构脆弱性和生态功能脆弱性的关系进行讨论。

第一节 土地系统"双层结构"脆弱性分析理论框架

从脆弱性形成机制出发，将土地系统脆弱性分成双层结构，提出土地系统"双层结构"脆弱性分析的理论框架，第一层是土地系统整体脆弱性，第二层是土地系统结构脆弱性和土地系统生态功能脆弱性，这两层脆弱性是递进关系。整体脆弱性是粗粒度地对系统脆弱性进行评估，根据脆弱性严重程度不同，再细粒度地对土地系统结构脆弱性和生态功能脆弱性进行分析，从而实现由表及里、由结构到功能对土地系统脆弱性的全面认识。

一、基于 SPRC 概念模型的脆弱性形成机制

快速城市化对土地系统脆弱性影响分析的最终目标是通过适应性策略来缓解城市化进程对资源环境可持续性利用造成的影响。为此，我们选择应用较为广泛的 SPRC 概念模型。SPRC 概念模型主要是从系统角度描述事物从起源、经过相应路径到达受体并产生影响的一类概念模型（Narayan et al.，2014）。该模型最初

由 Holdgate 在 1979 年提出并应用于环境科学问题的研究，主要描述污染物从污染源如何通过传导路径到达受体并造成影响的过程（Holdgate，1979）。后来该模型被广泛应用于洪灾风险管理，Morris 和 Samuels（2006）提出了用于洪灾风险管理的 SPRC 概念模型，基本分析框架如图 4-1 所示。

源 → 路径 → 受体 → （负面）影响

图 4-1　SPRC 概念模型

从 SPRC 概念模型的基本思路来看，其包括 4 个基本要素：源、路径、受体和影响。①源指负面影响的主要来源，根据性质不同，可分为自然源（气候变化、海洋灾害）和人为源（人类活动的扰动）；②路径主要指源发挥作用的方式（如淹没、扩散等）；③受体是负面影响的主要承担者（环境、资源、社会等）；④影响主要指在灾害或扰动下，受体所呈现出的状态，多数情况下我们主要关注负面影响（如数量减少、结构紊乱、功能退减等）。

系统脆弱性是系统在受到外部扰动后，系统结构和功能表现出效率下降的一种属性（李鹤等，2008；Ouyang et al.，2009）。SPRC 概念模型体现了源、路径、受体和影响之间的链式因果关系，同时也反映了复杂系统内部和系统之间的相互作用和相互影响的关系。因此，我们将其应用到快速城市化区域土地系统脆弱性形成机制分析中（图 4-2）。根据以上系统脆弱性内涵，界定了土地系统源、受体、路径和影响的定义。源指影响土地系统脆弱性的扰动源。在快速城市化区域，土地系统扰动源主要体现为土地利用变化，特别是由于城市化和工业化原因，生态用地向建设用地转化。路径是指土地利用变化如何影响土地系统的结构和功能。生态用地向建设用地转化路径主要依赖于以下元素：现有城市和农村建设用地区域的边界、主要道路和河流的位置等，这些空间信息决定了城市扩张的路径。受体是扰动的承受体，指会受到扰动源负面影响的系统组成成分，分为土地系统的

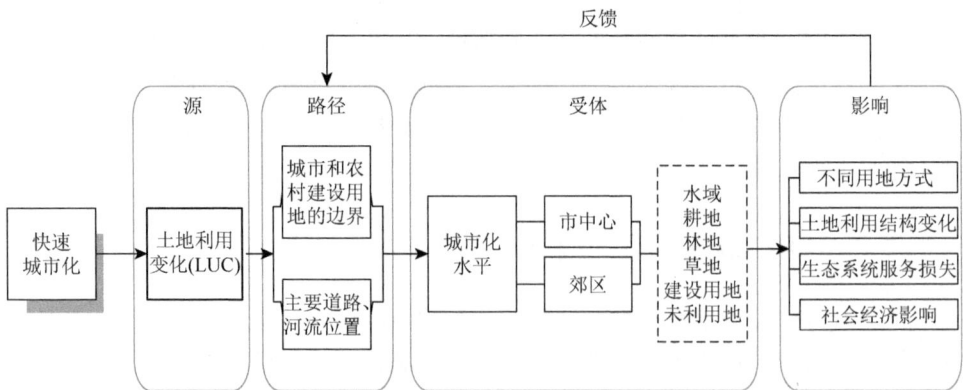

图 4-2　基于 SPRC 概念模型的快速城市化背景下土地利用变化导致土地系统脆弱性的形成机制

结构和功能；影响指城市化导致的土地利用变化对土地系统造成的负面影响，如土地利用结构变化、生态系统服务损失、社会经济影响等。可采用脆弱性指标定性或定量描述这个影响。

二、"双层结构"脆弱性分析理论框架

IPCC 指出，脆弱性是指系统容易遭受或没有能力应付气候变化（包括气候变率和极端气候事件）不利影响的程度。脆弱性一方面取决于系统外部因素，即系统暴露于气候风险的程度；另一方面取决于系统内部因素，即系统的敏感及适应能力。换句话说，脆弱性由暴露、敏感以及适应能力三个部分组成。这里假定暴露、敏感以及适应能力分别与 SPRC 概念模型中的源、受体和影响、路径对应。快速城市化区域的土地系统暴露在频繁发生的土地利用类型转换中，这里的暴露指土地利用变化率和强度，用于衡量土地系统暴露于外部城市化扰动的程度。IPCC 中，敏感是系统（国家、社区或家庭）遭受气候冲击影响的程度，包括有利影响和不利影响，如某种作物产量受到气候、降水率影响的改变幅度。由于城市化对全球生态系统服务功能退化起到重要决定作用（Bennett et al.，2009），因此这里的敏感主要指土地生态系统服务功能的变化，主要聚焦于提供生态系统服务的生态用地面积变化。这既与受体有关，也与对受体的影响有关。IPCC 中，适应是指对自然或人类系统新的变化或变化的环境进行调整的过程。适应气候变化是指自然和人类系统对于实际的或预期的气候因素及其影响所做出的趋利避害的反应。由于城市化会导致生态系统功能退化，可从土地系统本身和城市的社会经济因素来考虑进行调节。因此，这里的适应能力指土地系统的调节能力，这个调节能力不仅仅包括土地系统天然存在的生态承载能力，更重要的是包括社会经济因素提供的支撑能力。

在此理论框架下，脆弱性定义为城市化引发的土地利用变化对土地系统造成的负面效应，与暴露和敏感成正比，与适应能力成反比。土地系统脆弱性主要表现为土地系统受到土地利用变化扰动后，土地系统对扰动的敏感和缺乏抵抗力，从而造成系统结构和生态功能发生改变。因此，可认为土地系统脆弱性具有"双层结构"的特征。第一层是整体脆弱性（integral vulnerability），第二层是结构脆弱性（structural vulnerability）和生态功能脆弱性（ecological functional vulnerability）。为了明确"双层结构"脆弱性的关系，我们提出如下三个基本假设：①整体脆弱性是进一步分析结构脆弱性和生态功能脆弱性的重要先决条件。②结构脆弱性是生态功能脆弱性的充分必要条件。土地系统是具有实体结构的系统，结构脆弱性必然导致其功能的损失，生态功能脆弱性源于结构失衡（失调等）。③这两层脆弱性之间是递进关系。整体脆弱性对土地系统脆弱性进行整体评价，当整体脆弱性超过设定的阈值时，需要进一步评价土地系统结构脆弱性和生态功能脆弱性。在

土地利用变化扰动背景下，土地系统"双层结构"脆弱性分析模型可以实现对土地系统脆弱性从系统结构到生态功能的综合理解（图4-3）。这里存在两个重要的转折点：一个是整体脆弱性的转折点，该点描述是否有必要进一步探讨结构脆弱性和生态功能脆弱性；另一个是结构脆弱性的转折点，该点描述是否有必要进一步探讨生态功能脆弱性。

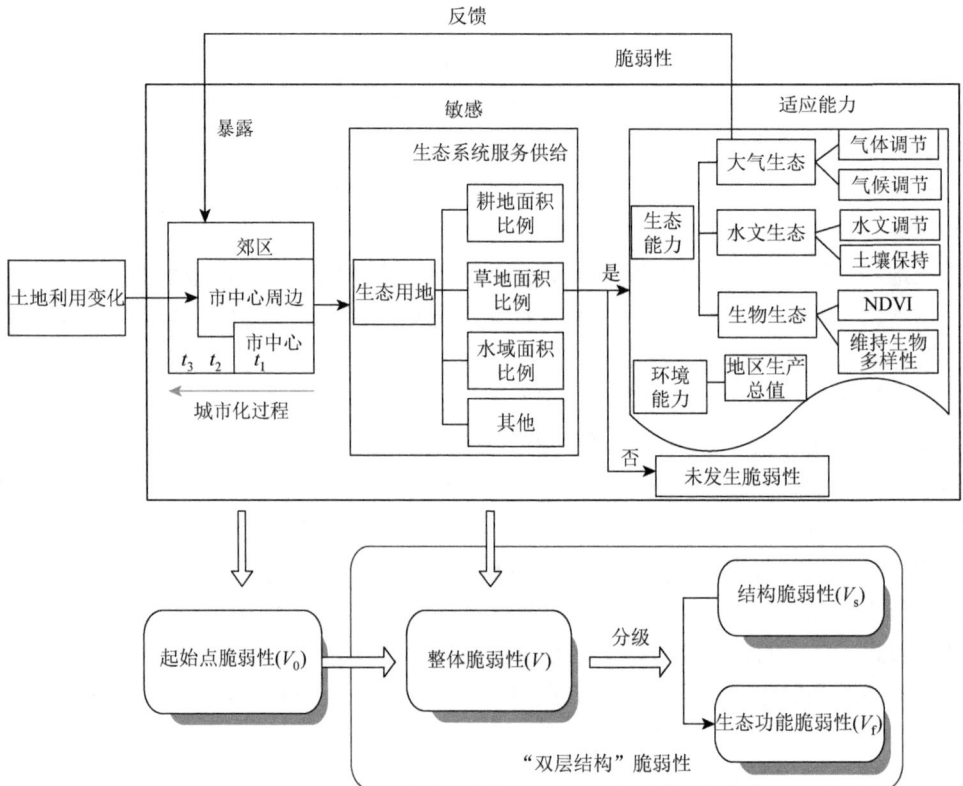

图4-3 响应土地利用变化的"双层结构"脆弱性分析框架

第二节 暴露-敏感-适应能力框架下的整体脆弱性评价方法

一、脆弱性评价模型

根据上面 IPCC 关于脆弱性内涵的描述可知，脆弱性是暴露、敏感和适应能力的函数（Turner et al.，2003；Adger，2006）。假设快速城市化区域的土地系统脆弱性主要与生态用地比例有关，如果城市化过程中土地利用强度超过了土地系统的承受范围，那么将严重改变生态系统的结构和功能，最终导致生态系统服务损失。显然，受到土地利用变化胁迫的土地系统脆弱性也受到三个重要因素的驱动：暴露，指以土地利用强度为代表的土地利用变化；敏感，与生态用地（如耕地、林地、水域和草地等）相关的生态系统服务变化有关；适应能力，本书采用土地系统生态功能和经济功能的耦合值来表示。在快速城市化区域，土地系统脆弱性是指土地利用变化对土地系统的负面影响程度，它与暴露、敏感正相关，而与适应能力负相关（Ippolito et al., 2010）。由此，土地系统整体脆弱性评价模型为

$$V = \frac{E \times S}{1 + AC} \tag{4-1}$$

其中，V 是脆弱性；E 是暴露；S 是敏感；AC 是适应能力。

在式（4-1）中，假设脆弱性与敏感和暴露线性相关，这两个因素确定了土地系统对土地利用变化压力源的实时响应。当暴露或敏感为零时，脆弱性为零，即认为这里不存在脆弱性。由于需要更大的时间尺度来减缓土地利用变化压力造成的负效应，如果敏感和暴露不为零，适应能力不会导致脆弱性为零。当适应能力为零时，脆弱性最大。

（一）暴露（E）

暴露指土地系统遭受土地利用变化的强度，主要是由耕地、草地、林地、水域或建设用地之间的相互转换造成的。这里需要说明的是，依据《土地利用现状分类》（GB/T 21010—2017），将土地利用/覆盖类型分为 6 种，耕地、林地、草地、水域、建设用地和未利用地。采用土地利用强度（land use intensity，LUI）来识别土地系统遭受土地利用变化的时空差异，具体由各类土地利用程度排序与各类土地利用面积百分数的乘积获得（刘纪远，1996）。LUI 反映人类影响土地的程度，包括土地利用模式和比例的信息。暴露指标计算公式为

$$E_j = \sum_{i=1}^{6} e_i \times a_{ij} \tag{4-2}$$

其中，E_j 是栅格 j 的暴露指标；e_i 是土地利用/覆盖类型 i 的土地利用程度（表 4-1）；a_{ij} 是土地利用/覆盖类型 i 在栅格 j 中的面积百分数。对于研究区武汉市，将其分为 8456 个栅格，每个栅格是 1km×1km，在 1km² 中计算每种土地利用/覆盖类型所占的比例，以下关于栅格的计算类似。

表 4-1 土地利用类型和土地利用程度排序对应表

土地利用程度	排序（i）	土地利用类型
限制开发	1	未利用地
低影响开发	2	草地

土地利用程度	排序（i）	土地利用类型
中度影响开发	3	林地、水域
高度影响开发	4	耕地
密集影响开发	5	建设用地

（二）敏感（S）

敏感指伴随着城市化过程中，土地利用变化对生态系统服务的影响程度，或负面影响或正面影响。生态系统服务变化作为敏感的重要表征指标，可用于确定对土地利用变化敏感的空间位置。生态用地主要包括耕地、林地、草地、水域等（Qiu et al.，2015）。由于草地在武汉市占有的份额很少，我们仅考虑将耕地面积百分数（%）、林地面积百分数（%）和水域面积百分数（%）作为敏感指标。敏感指标计算公式为

$$S_j = \sum_{i=1}^{3} a_{ij} \qquad (4\text{-}3)$$

其中，S_j 是栅格 j 的敏感指数；$i=1,2,3$，分别代表耕地、林地和水域；a_{ij} 表示栅格 j 中第 i 种生态用地的百分数。

在式（4-3）的基础上，为使敏感和脆弱性保持同方向性，可采用非生态用地百分数来度量敏感，见式（4-4）：

$$S_j' = 1 - \sum_{i=1}^{3} a_{ij} \qquad (4\text{-}4)$$

（三）适应能力（AC）

应对土地利用变化的适应能力是为减少城市化对生态系统造成的负面影响，适应土地利用变化的调节能力。从土地系统内部因素和外部的社会经济因素来进行调节。因此，选取生态功能和经济功能两方面指标来度量适应能力（式（4-5））。同时，假设这两方面指标对武汉市适应能力具有同等重要的地位。因此，适应能力指标采用式（4-5）来度量：

$$AC_j = 0.5 \times AC_j^{econ} + 0.5 \times AC_j^{ecol} \qquad (4\text{-}5)$$

其中，AC_j 是栅格 j 的适应能力指标；AC_j^{econ} 是经济功能；AC_j^{ecol} 是生态功能。

经济功能指标采用每个栅格标准化地区生产总值密度来度量（式（4-6）），针对武汉市雾霾、洪涝灾害、生物多样性损失等问题较严重的现实，综合考虑大气生

态功能、水文生态功能以及生物生态功能来度量生态功能（式（4-7））。从谢高地
等（2008）（表4-2）提出的生态系统服务类型中提取5种不同的生态系统服务，
并结合NDVI来表达这三种生态功能。具体为：大气生态功能包括气体调节和气
候调节，水文生态功能包括水文调节和土壤保持，生物生态功能包括维持生物多
样性和NDVI。

$$AC_j^{econ} = GDP_{j,nor} \tag{4-6}$$

其中，$GDP_{j,nor}$是标准化地区生产总值密度。

$$AC_j^{ecol} = 0.4 \times HP_{j,nor} + 0.4 \times FP_{j,nor} + 0.2 \times BM_{j,nor} \tag{4-7}$$

其中，AC_j^{ecol}是栅格j的生态功能；$HP_{j,nor}$是栅格j的大气生态功能（抑制雾霾）
函数标准化；$FP_{j,nor}$是栅格j的水文生态功能（抑制洪水）函数标准化；$BM_{j,nor}$是
栅格j的生物生态功能（维持生物多样性）函数标准化。考虑到武汉市雾霾问题
和洪水问题比较严重，因此将大气生态功能、水文生态功能和生物生态功能的权
重分别设置为0.4、0.4和0.2。

表4-2　生态系统服务价值当量表（谢高地等，2008）

一级类型	二级类型	耕地	林地	草地	水域	建设用地	未利用地
供给服务	食物生产	1.00	0.33	0.43	0.53	0	0.02
	原材料生产	0.39	2.98	0.36	0.35	0	0.04
调节服务	气体调节	0.72	4.32	1.50	0.51	0	0.06
	气候调节	0.97	4.07	1.56	2.06	0	0.13
	水文调节	0.77	4.09	1.52	18.77	0	0.07
	废物处理	1.39	1.72	1.32	14.85	0	0.26
支持服务	土壤保持	1.47	4.02	2.24	0.41	0	0.17
	维持生物多样性	1.02	4.51	1.87	3.43	0	0.40
文化服务	景观文化	0.17	2.08	0.87	4.44	0	0.24
	合计	7.90	28.12	11.67	45.35	0	1.39

在生态功能的三个指标中，大气生态功能（抑制雾霾）函数HP_j采用谢高地
等（2008）提出的生态系统服务类型中的气体调节GR_j和气候调节CR_j来度量，
见式（4-8）。这里假定气体调节和气候调节对大气生态功能有相同的贡献。

$$HP_j = 0.5 \times GR_j + 0.5 \times CR_j \tag{4-8}$$

水文生态功能（抑制洪水）函数FP_j采用水文调节WR_j和土壤保持SM_j来度
量，见式（4-9）。这里假定水文调节和土壤保持对水文生态功能有相同的贡献。

$$FP_j = 0.5 \times WR_j + 0.5 \times SM_j \qquad (4\text{-}9)$$

生物生态功能（维持生物多样性）函数 BM_j 采用维持生物多样性 BP_j 和 NDVI 来评估。然而，由于这两种服务采用不同的方法、不同的计量单位来度量，需对这两个指标进行归一化后得到 $BP_{j,nor}$ 和 $NDVI_{j,nor}$，用于计算 BM_j，见式（4-10）。这里假定维持生物多样性和 NDVI 对生物生态功能有相同的贡献。

$$BM_j = 0.5 \times BP_{j,nor} + 0.5 \times NDVI_{j,nor} \qquad (4\text{-}10)$$

这 5 种不同生态系统服务价值，即气体调节、气候调节、水文调节、土壤保持和维持生物多样性采用谢高地等（2008）提出的基于单位面积价值当量因子的方法（简称当量因子法）来计算。该方法将土地利用类型作为生态系统服务的替代物，在 Costanza 等（1997）提出的生态系统服务价值评估体系的基础上，并结合 2002 年和 2006 年对中国 700 位具有生态学背景的专业人员进行的问卷调查，得出新的生态系统服务评估单价体系。这里采用中国生态系统单位面积服务价值当量（表 4-2）进行计算。需要说明的是，表 4-2 中武汉市由于没有荒漠地，采用未利用地来替代，用水域替代谢高地等（2008）的文献中的河流/湖泊，并增加了建设用地一栏，我们认为其生态系统服务价值当量均为 0。

1 个标准当量因子的单位生态系统服务价值（简称标准当量因子）是指 $1hm^2$ 耕地自然粮食产量的全国平均值的经济价值。谢高地等（2003）以此当量为参照并结合专家知识可以确定其他生态系统服务价值的当量因子，其作用在于可以表征和量化不同类型生态系统对生态服务功能的潜在贡献能力。在实际应用中，特别是在区域尺度上，完全消除人为因素扰动来准确衡量耕地生态系统在自然条件下能够提供的粮食产量的经济价值存在较大难度。本书参考谢高地等（2003）的计算方法，将单位面积耕地生态系统粮食生产的净利润作为 1 个标准当量因子的生态系统服务价值。耕地生态系统的粮食产量价值主要依据稻谷、小麦和玉米三大粮食主产物计算，其计算公式如下：

$$D = S_r \times F_r + S_w \times F_w + S_c \times F_c \qquad (4\text{-}11)$$

其中，D 表示 1 个标准当量因子的生态系统服务价值量（元/hm^2）；S_r、S_w 和 S_c 分别表示 2015 年稻谷、小麦和玉米的播种面积占三种作物播种总面积的百分比（%）；F_r、F_w 和 F_c 分别表示 2015 年全国稻谷、小麦和玉米的单位面积平均净利润（元/hm^2）。依据《中国统计年鉴 2015》、《全国农产品成本收益资料汇编》（国家发展和改革委员会价格司，2015）和式（4-11）得到 D 值，即中国 1 个标准当量因子的生态系统服务价值为 2693.10 元/hm^2。由此方法，2015 年武汉市单位耕地的粮食产量估算值为 2811.19 元/hm^2（Wang et al.，2018b），进而得到武汉市不同土地利用类型对应的不同生态系统服务功能的价值系数。

因此，5 种生态系统服务价值可以按式（4-12）计算：

$$\mathrm{ESV}_k = \sum_i \mathrm{VC}_{ki} \times A_{ij} \qquad (4\text{-}12)$$

其中，ESV_k（$k=1\sim5$）是第 k 种 ESV；A_{ij} 是栅格 j 第 i 种土地利用/覆盖类型的面积；VC_{ki} 是第 i 种土地利用/覆盖类型对应第 k 种生态系统服务功能的价值系数（元/hm²）。

二、整体脆弱性评价指标体系

由上面可知，脆弱性评价模型包括暴露、敏感和适应能力，暴露采用土地利用强度指标衡量，敏感采用生态用地面积指标衡量，适应能力由生态功能和经济功能两个指标构成。每个指标又由若干变量组成，其内涵、方向以及制图等方面的解释如表 4-3 所示。

表 4-3 暴露、敏感和适应能力构成的脆弱性评价指标体系

指数	分指标	指标		变量	方向	制图
脆弱性	暴露（E）	土地利用强度		不同类型土地利用强度排序（%）	正向	1km×1km 栅格
				不同类型土地利用面积百分数（%）	正向	
	敏感（S）	生态用地面积		耕地面积百分数（%）	负向	1km×1km 栅格
				林地面积百分数（%）	负向	
				水域面积百分数（%）	负向	
	适应能力（AC）	生态功能	大气生态	气体调节	正向	1km×1km 栅格
				气候调节	正向	1km×1km 栅格
			水文生态	水文调节	正向	1km×1km 栅格
				土壤保持	正向	分区映射
			生物生态	NDVI	正向	30m×30m 栅格
				维持生物多样性	正向	1km×1km 栅格
		经济功能	经济指标	标准化地区生产总值密度	正向	1km×1km 栅格

三、数据源及处理

数据源包括土地利用数据、NDVI、《武汉统计年鉴》（1991~2016 年）以及相关其他数据，如表 4-4 所示。武汉市土地利用数据包括 1990 年、1995 年、

2000 年、2005 年、2010 年、2015 年共六期数据，取自中国科学院资源环境科学数据中心的全国土地利用数据库，包括耕地、林地、草地、水域、建设用地和未利用地 6 个一级土地利用类型。NDVI 来源于美国地质勘探局（United States Geological Survey，USGS），分辨率为30m。

表 4-4 数据源及处理

主要类型	子类型	年份	精度	数据源及处理
土地数据集	土地利用/土地覆盖	1990、1995、2000、2005、2010、2015	30m	RESDC
经济统计数据	地区生产总值农业总产值	2001～2015	无	武汉市统计局（1991～2016 年）
资源数据	NDVI	1990、1995、2000、2005、2010、2015	30m	USGS
	粮食产量	1990～2015	无	武汉市统计局（1991～2016 年）
生态系统服务价值	当量价值系数	无	无	谢高地等（2008）

为比较不同变量的维度和大小，需要根据不同变量的方向标准化所有变量（式（4-13）），如衡量生态用地面积的三个变量，即耕地面积百分数、林地面积百分数和水域面积百分数都是负向变量，需要采用式（4-13）中的负向公式来标准化。对于暴露、敏感的复合分指标，我们采用标准化变量的几何平均值，对每个变量取相同权重获得两个分指标的值（式（4-14））。例如，适应能力分指标需要生态功能和经济功能两个指标来衡量，需要采用式（4-14）来完成。当得到暴露、敏感和适应能力三个指标的每个栅格值时，采用式（4-15）获得每个栅格（1km×1km）的脆弱性值。

$$y_{ijk} = \begin{cases} \dfrac{X_{ijk} - \min X_{jk}}{\max X_{ijk} - \min X_{jk}}, & \text{正向} \\[2mm] \dfrac{\max X_{jk} - X_{ijk}}{\max X_{jk} - \min X_{jk}}, & \text{负向} \end{cases} \qquad (4\text{-}13)$$

$$S_{ik} \text{ 或 } AC_{ik} = \left(\prod_{j=1}^{n} y_{ijk} \right)^{1/n} \qquad (4\text{-}14)$$

$$V_{ik} = \frac{E_{ik} \times S_{ik}}{1 + AC_{ik}} \qquad (4\text{-}15)$$

其中，X_{ijk} 是第 i 年在 1km×1km 栅格 k 上变量 j 的值；$\max X_{jk}$、$\min X_{jk}$ 分别代表所有年份所有栅格 k 上变量 j 的最大值和最小值；S_{ik}、AC_{ik} 是第 i 年在 1km×1km 栅格 k 上敏感 S 和适应能力 AC 的值。

四、整体脆弱性的可视化分析

为使生态系统状态信息更好地为区域规划与管理提供科学决策，需要将所获得的结果在 ArcGIS Desktop 10.4 的运行环境中进行可视化。不同的指标要在地图上实现可比较性，需利用线性函数方法将原始指标归一化，转化成 0~1 的无量纲值。根据不同指标在 0~1 的取值，将暴露、敏感、适应能力和脆弱性分为 5 个级别，即非常低、低、中度、高和非常高。暴露、敏感、适应能力和脆弱性的不同等级值见表 4-5。

表 4-5 暴露、敏感、适应能力和脆弱性的不同等级值

	非常低	低	中度	高	非常高
暴露（E）	0.00~0.54	0.55~0.64	0.65~0.73	0.74~0.86	0.87~1.00
敏感（S）	0.00~0.07	0.08~0.23	0.24~0.46	0.47~0.76	0.77~1.00
适应能力（AC）	0.00~0.09	0.10~0.19	0.20~0.34	0.35~0.49	0.50~1.00
脆弱性（V）	0.00~0.06	0.07~0.20	0.21~0.42	0.43~0.70	0.71~1.00

在 ArcGIS Desktop 10.4 的运行环境中，暴露、敏感、适应能力这三个指标通过与各自的变量图层叠加估计得到。例如，敏感指标由三个类型的生态用地面积百分数组成。敏感指标可视化制图需要将这三个类型的生态用地面积百分数的图层叠加。Jenks 自然断点分类法用于确定这些指标的五个不同级别。最后，脆弱性是通过叠加暴露、敏感和适应能力图层来评估的，将其分为从极不脆弱到非常脆弱的五个等级。由此，根据不同指标的分级准则和可视化制图，可对研究区整体脆弱性、暴露、敏感和适应能力的时空分异特征进行分析，辨识出热点和冷点区域，从而为政府机构提供具有科学性、有效性的决策依据。

第三节 武汉市土地系统整体脆弱性时空分异分析

从整体脆弱性评价方法出发，对暴露、敏感、适应能力和脆弱性的时空分异规律进行分析，识别出快速城市化区域的热点和冷点区域，并探讨各指标时空变化背后的原因。

一、暴露时空分异分析

从表 4-6 来看，武汉市在 1995 年、2005 年和 2015 年三个时间点的不同级别暴露面积具有较大幅度的变化，3.32%～10.35%面积具有非常高的暴露，主要分布在主城区。高暴露区域面积主要分布在武汉行政区边缘，占总面积的 37.67%～43.47%，2015 年，高暴露区域面积超过非常高暴露区域面积达到 33.12 个百分点。非常高和高暴露区域主要与建设用地空间分布一致，且 2015 年暴露达到最大，这与武汉市快速城市化的发展趋势一致。武汉市中度暴露区域面积仅占 16.80%～25.92%，低和非常低的暴露区域面积是 29.38%～31.9%，主要分布在低开发区域，如黄陂区、新洲区、江夏区、蔡甸区。值得一提的是，武昌区有一些低和非常低的暴露区域，表明生态用地面积的增加和建设用地面积的减少，这归因于城市更新，如湿地公园、绿道等增加。总之，在 1995～2015 年，非常高暴露面积增长非常快，其次就是高暴露面积增加也很快。非常低、低和中度暴露面积减少，且中度暴露面积减少最快。

表 4-6　1995 年、2005 年以及 2015 年不同级别的暴露、敏感、适应能力和脆弱性所占面积百分数

项目	级别		1995 年	2005 年	2015 年
暴露	非常低	0.00～0.54	16.37%	16.75%	15.83%
	低	0.55～0.64	14.97%	15.15%	13.55%
	中度	0.65～0.73	24.61%	25.92%	16.80%
	高	0.74～0.86	40.73%	37.67%	43.47%
	非常高	0.87～1.00	3.32%	4.51%	10.35%
敏感	非常低	0.00～0.07	66.83%	63.55%	51.42%
	低	0.08～0.23	21.75%	22.32%	24.53%
	中度	0.24～0.46	6.13%	7.12%	10.50%
	高	0.47～0.76	2.46%	3.60%	6.10%
	非常高	0.77～1.00	2.83%	3.41%	7.45%
适应能力	非常低	0.00～0.09	0.24%	2.14%	8.15%
	低	0.10～0.19	35.55%	48.96%	46.27%
	中度	0.20～0.34	22.49%	22.36%	18.59%
	高	0.35～0.49	12.20%	17.32%	15.85%
	非常高	0.50～1.00	29.52%	9.22%	11.14%
脆弱性	非常低	0.00～0.06	79.21%	77.19%	65.29%
	低	0.07～0.20	12.13%	11.96%	14.23%
	中度	0.21～0.42	4.52%	5.09%	7.45%
	高	0.43～0.70	1.27%	1.66%	3.55%
	非常高	0.71～1.00	2.87%	4.10%	9.48%

　　根据暴露的时空变化趋势结果可知，在城乡接合部，1995～2015 年土地系统暴露变化处于较小增加的状态。中心城区，如江汉区、硚口区、青山区和武昌区的暴露面积几乎没发生变化或较小减少。值得一提的是，暴露面积变化较大的区域主要集中在江岸区和洪山区，主要是土地利用开发明显，密集型开发即转化为建设用地的频率较高。1995～2015 年，郊区大部分面积在土地利用强度上没有改变。由此可见，低强度土地利用类别向高强度土地利用类别转化成为该时期影响土地系统暴露增加的直接原因。

二、敏感时空分异分析

　　从表 4-6 来看，武汉市 2015 年土地系统响应土地利用变化的敏感空间分布从中心城区到城市边缘显示出下降趋势，即非常高、高、中度、低和非常低。非常高和高敏感区域面积主要集中分布在 7 个主城区和周边远城区的中心城区地带，占武汉市总面积的 13.55%（表 4-6）；约 10.50%面积具有中度敏感性，主要位于城市与乡村交界地带，即城乡接合部；约 75.95%面积具有低和非常低的敏感性，主要分布在 6 个远城区的绝大部分区域以及洪山区部分区域，这些区域都是良好生态环境地区。土地系统敏感性从中心城区到城市边缘呈下降趋势，与非生态用地空间分布一致，且 2015 年敏感性达到最大。

　　1995～2015 年土地系统敏感在空间分布上呈现异质性特征。主城区周边的城乡接合部敏感性明显增加，特别是江夏区这一带的城乡接合部的敏感性增加面积最大。城乡接合部是城市功能外溢、城市空间向城市郊区和周边农村拓展形成的独特地域实体，是人地系统矛盾最为剧烈的地带（姜维铮和管凤久，1990；王娟和常征，2012），原本稀有的自然生态系统（如林地、草地和湿地等）以及类型多样的农业生态系统的功能严重受损，表现出非常敏感的特征。而主城区如长江以北沿岸的江岸区、硚口区，以及武昌区等区域的敏感性有所降低，这说明在我国提出大力推进生态文明建设的背景下，武汉市政府通过生态环境建设，如海绵城市建设、湿地公园建设、绿地系统改造等，促进生态用地增加，改善区域生态环境，人地系统矛盾有所减缓，敏感性下降。

三、适应能力时空分异分析

　　从表 4-6 来看，武汉市 2015 年土地系统响应土地利用变化的适应能力具有非常明显的时空分异特征。非常高和高的适应能力区域主要分布在黄陂区北部、新洲区东南部、江夏区东部以及长江沿岸区域，占武汉市总面积的 26.99%，这表明这些区域的经济与生态环境耦合功能比其他区域更优良。大约 46.27%的面积是适应能力低的区域，主要位于 6 个远城区。而非常低的适应能力区域主要位于城乡接合部，占武汉市总面积的 8.15%，这里的人地系统极端不稳定，不仅生态环境问题严重，而且社会结构分化异常突出，经济发展明显滞后于城市，即生态和经济问题都需要解决。总体来说，与其他区域相比，快速城市化的负面影响在农村地区和城乡接合部更加明显，且在 2015 年影响尤为严重。而生态环境非常好的区域以及主城区经济发达区域都表现出较高的适应能力。特别需要指出的是，1995~2015 年，适应能力处于非常高的状态的面积明显下降，从 29.52%下降到 11.14%，表明当前武汉市社会-生态系统不稳定、生态承载能力和经济发展能力耦合的适应能力下降，社会-生态系统脆弱性增加，需要采取相应措施提高城市社会-生态系统适应快速城市化发展的能力，城市发展朝着经济与生态环境可持续发展的方向转变。

快速城市化对区域生态环境造成的负面影响可进一步通过生态系统服务价值来验证。根据谢高地等（2008）提出的生态系统服务价值当量表（表 4-2），结合武汉市土地利用类型面积，计算得到武汉市 1995~2015 年生态系统服务价值（表 4-7）。从表 4-7 看出，2005~2015 年，武汉市在各类生态系统服务中，除水文调节、废物处理以及景观文化有微小的增加外，其他生态系统服务类型的价值都是下降的，且总的生态系统服务价值是减少的，快速城市化对生态环境造成了负面影响，根据生态系统服务价值评估值得到了证实（Costanza et al.，1997；谢高地等，2008）。2015 年生态系统服务价值为 3 789 920 万元，低于1995 年生态系统服务价值，即 3 823 880 万元。2015 年武汉市生态系统服务价值空间分布特征明显，在生态环境非常好的区域，如黄陂区的生态系统服务价值最大，而主城区以及远城区的市区范围内的生态系统服务价值最小，其余区域的生态系统服务价值居中，而且最小生态系统服务价值区域对应的土地系统暴露最强。

武汉市 1995~2015 年土地系统适应能力在空间分布上主要表现为以下特征。约 70%面积的适应能力明显地表现出下降趋势，适应能力损失最大的区域主要发生在主城区，如江岸区、江汉区、硚口区、青山区和武昌区，生态环境较好的洪山区损失较少。这说明城市化发展到一定阶段，经济发展带来的正效益不能弥补对生态环境造成的负效应，使得区域适应能力明显下降，居民的幸福指数下降。因此，迫切需要进一步加强城市更新实践来改善 7 个主城区的生态环境，通过适应能力提高来适应城市化带来的土地利用变化。

表 4-7　武汉市 2005～2015 年生态系统服务价值变化趋势　　（单位：10^4 元）

生态系统服务		1995 年	2005 年	2015 年
供给服务	食物生产	173 232	169 107	155 789
	原材料生产	135 625	133 738	127 648
调节服务	气体调节	220 458	216 879	206 159
	气候调节	321 806	318 596	307 312
	水文调节	1 060 946	1 075 171	1 098 113
	废物处理	917 754	925 503	933 102
支持服务	土壤保持	316 902	309 678	288 372
	维持生物多样性	402 494	400 110	390 506
文化服务	景观文化	274 663	277 701	282 919
总计		3 823 880	3 826 483	3 789 920

四、脆弱性时空分异分析

表 4-6 表明，2015 年武汉市土地系统脆弱性具有非常明显的时空分异特征。7 个主城区和城乡接合部的土地系统比其他区域的土地系统更加脆弱。洪山区与江夏区接壤的城乡接合部具有非常高和高的脆弱性，主要归因于非常高的暴露、非常高的敏感性和非常低的适应能力。青山区、江汉区和硚口区具有非常高和高的脆弱性，主要归因于非常高的暴露和敏感性。武汉市北部如黄陂区表现出非常低和低的脆弱性，主要归因于非常低和低的敏感性和暴露。中度暴露和非常高的敏感性导致武汉市南部具有非常高和高的脆弱性。总之，土地系统脆弱性在不同区域显示出由不同的因子，即暴露、敏感和适应能力来驱动，且这些因子表现出不同的影响等级。

从表 4-6 可以看出武汉市脆弱性的时空变化趋势，武汉市具有非常高、高、中度、低和非常低的脆弱性所占的比例从 1995 年的 2.87%、1.27%、4.52%、12.13% 和 79.21% 变化到 2015 年的 9.48%、3.55%、7.45%、14.23% 和 65.29%。这表明，2015 年超过 60% 的非常低的脆弱性区域部分转化成了非常高和高的脆弱性区域。在中心城区以外的城乡接合部区域，脆弱性显示出比其他区域更多地增加，这与敏感性变化趋势一致，但却与暴露变化和适应能力变化不同。城乡接合部区域是 2015 年最脆弱的区域，也是 1995～2015 年发生脆弱性变化最剧烈的区域。这一区域是城市建成区与农田犬牙交错的地段，土地利用/覆盖出现复杂化和破碎化的现象，同时是社会结构分化异常突出的区域，具有社会阶层利益主体多元化等问题（刘彦随，2014）。因此，迫切需要通过进一步加强生态环境建设并发展区域经济来增强适应能力和减少脆弱性。此外，沿着长江北岸的中心城区和新洲区的涨渡河显示出脆弱性下降的趋势。

第四节　讨　　论

一、脆弱性的横向和纵向比较分析

脆弱性在时空方面表现出复杂性（Qiu et al.，2015）。然而，已有研究或者聚焦于比较研究区的脆弱性时空变化（Li et al.，2015），或者关注某一时刻的脆弱性空间分异（Aretano et al.，2015）。为了帮助决策者追踪土地系统的变化特征并提供有效措施，非常有必要探讨脆弱性的时空分布模式以理解脆弱性的影响因素并识别脆弱性的热点区域。

本书中，根据 IPCC 关于脆弱性的内涵，脆弱性是暴露、敏感和适应能力的函数，将与土地系统脆弱性相关的暴露、敏感和适应能力分别采用土地利用强度、生态用地面积（ecological land area，ELA）以及生态功能和经济功能综合指数来度量。特别需要说明的是，评价生态功能时需综合考虑研究区的实际情况，即雾霾问题、洪水问题和生物多样性问题，这些都是武汉市生态环境突出的问题。不同空间存在不同的影响因素且影响程度不同导致脆弱性的空间差异。特别需要指出的是，城乡接合部是热点区域，该地区的土地利用变化导致脆弱性剧烈增加。因此，需要采取有效措施来保护环境并促进社会经济发展。我们可通过实施相应的生态工程来增强生态系统能力，通过增加单位面积产出来促进经济和生计的协调发展。

二、进一步研究结构脆弱性和生态功能脆弱性的必要性

为应对全球环境变化，全球土地计划和未来地球计划均将脆弱性作为重要的研究议题以丰富风险与机遇的知识。土地系统是由许多土地利用类型和快速城市化过程触发的不同土地利用类型之间的转化关系构成的复杂系统（Zhang et al.，2016）。然而，绝大多数研究主要强调人类在改造土地景观并导致土地系统脆弱性发生的重要结果（An et al.，2005；Liu et al.，2007），忽略了存在于土地系统本身内部的结构特征对土地系统脆弱性的影响。复杂网络（complex networks）作为大量真实复杂系统的高度抽象，是复杂性科学研究中的一种新的研究方法，是理解复杂系统脆弱性的重要工具（汪小帆等，2006），也为对土地系统这一类复杂系统脆弱性的研究提供了新的视角和重要工具。

　　根据复杂网络理论，复杂网络是由节点和边构成的。在土地系统中，节点指各土地利用类型，如耕地、林地、水域、草地、湿地、建设用地等。边指不同土地利用类型之间相互转换形成的关联关系，如在快速城市化区域，水域向城镇用地转化，包括转移的方向和转移的强度。不同土地利用类型关联关系可借助土地利用转移矩阵来确定。因此，可将复杂网络应用到土地系统脆弱性研究中。网络脆弱性主要与拓扑结构有关，即同构网络和异构网络。复杂网络理论的引入为研究土地系统的结构脆弱性和生态功能脆弱性打开了新的视角（Li and Xiao，2017）。

　　本章中，整体脆弱性评估不仅分析了研究区土地系统脆弱性的时空分布特征及其影响因素，并且将脆弱性分为不同的级别。特别需要提出的是，我们综合考虑 SPRC 概念模型与 IPCC 关于脆弱性的定义，并从暴露-敏感-适应能力框架发展了土地系统脆弱性评估指标体系。当脆弱性评估值超过研究区重要值（即达到高脆弱性水平，如 0.43）时，就需要进一步从土地系统结构和功能方面深入探讨脆弱性发生的原因，并科学地理解土地利用过程的复杂性和系统性（Tavares et al.，2012）。在快速城市化背景下，非常有必要对土地系统的结构脆弱性和生态功能脆弱性的影响机制进行研究。可从土地系统整体视角出发，通过识别关键的土地利用类型，进而采用复杂网络方法中的网络度量指标来评估结构脆弱性（Wang et al.，2018a）。通过模拟土地资源存量在转换过程中传导生态系统服务流的损益，探讨土地系统生态功能脆弱性如何响应不同城市化情景（Wang et al.，2020）。从结构脆弱性到生态功能脆弱性的综合理解，将有助于为快速城市化区域土地系统脆弱性的适应策略提供重要基础。

第五节　本　章　小　结

　　本章提出整体脆弱性、结构脆弱性和生态功能脆弱性具有递进关系的"双层结构"脆弱性分析框架，结合 IPCC 关于脆弱性的内涵和土地系统特征提出一个脆弱性评估模型来评估武汉市土地系统应对土地利用变化表现出来的脆弱性。研究发现，2015 年非常高和高的暴露区域主要分布在主城区和武汉行政区边缘，低暴露区域主要分布在低开发地带；研究期间低强度土地利用类别向高强度土地利用类别转化是影响土地系统暴露增加的直接原因。2015 年武汉市土地系统敏感空间分布从中心城区到城市边缘显示出由非常高到非常低的下降趋势，这与研究区非生态用地空间分布一致；研究期间主城区周边城乡接合部敏感性增加，主要是城乡接合部人地矛盾突出所致，主城区内部区域敏感性有所降低，归因于城市生态环境建设。2015 年适应能力较强区域分布在生态环境非常好以及主城区经济发达区域；研究期间约 70%面积的适应能力明显表现出下降趋势，适应能力损失最大的区域主要发生在主城区，经济发展的正效应不能弥补生态环境造成的负效应。2015年武汉市主城区和城乡接合部土地系统最脆弱,同样呈现非常高和高脆弱性的不同区域受到不同因子组合的驱动,如暴露、敏感和适应能力;研究期间城乡接合部的脆弱性呈现快速增长的趋势。

此外,研究区暴露与敏感的时空分布是一致的,非常低的适应能力区域对应于最小生态系统服务价值,主要位于武汉市的城乡接合部,这就需要政府采取有效的生态工程措施减少土地利用变化对生态系统的负面影响。不同级别的脆弱性区域受到不同因子不同级别组合的驱动,如暴露、敏感和适应能力。脆弱性的热点区域主要发生在城乡接合部,显示了研究期间脆弱性的快速增长趋势。

值得一提的是,整体脆弱性评估强调在快速城市化背景下土地系统发生变化的状态。为了深入追踪快速城市化对土地系统脆弱性的影响机制,需要进一步探讨土地系统结构脆弱性和生态功能脆弱性,以识别重要土地利用类型和脆弱性发生条件。这样才能提出科学、有效的措施来响应快速城市化区域的土地系统脆弱性问题。

第五章 快速城市化对土地系统结构脆弱性影响研究

第一节 快速城市化与土地系统脆弱性

近几十年来，快速城市化导致不同土地利用类型的转换，特别是生态用地向建设用地的转换。这种转换无疑满足了人类短期发展的需要，但同时人类也面临生物多样性丧失和许多其他生态系统服务的减少（Lawler et al.，2014；Deng et al.，2016），从而造成土地系统脆弱性增加（Schröter et al.，2005）。例如，《千年生态系统评估报告》显示，20 世纪 50 年代到 2005 年，60%以上的全球生态系统在退化或不可持续利用（MEA，2005）。其中，城市化是一个非常关键的因素。作为世界上最大的发展中国家，自 1978 年实行改革开放政策以来，中国正经历着快速城市化，当前已经达到城市化的中等指数阶段（Yang and Shi，2017）。截至 2017 年，我国城市人口总体增长率由 1978 年的 17.92%上升至 2017 年的 58.52%（中华人民共和国国家统计局，2018）。同时，从 20 世纪 80 年代后期到 2010 年，城镇用地面积增加了 550 万 hm^2（Liu et al.，2014c），侵占了具有重要生态价值的生态用地（如农田、林地和湿地）。生态用地的减少对自然生态系统施加了累积压力，威胁着区域生态安全（MEA，2005；喻锋等，2015）。因此，探讨城市化、土地利用/覆盖变化与土地系统脆弱性之间的关系，对于可持续土地资源管理、降低土地系统脆弱性以及保护关键生态系统服务至关重要。

自 2014 年国际科学理事会启动未来地球计划（2014~2023 年）以后，关于土地系统脆弱性的问题受到越来越多的关注（Future Earth，2013）。未来地球计划旨在开发有效应对全球环境变化风险和挑战的知识。因此，科学计划的重点从土地利用变化监测转向对土地系统进行更综合的脆弱性及弹性分析（Verburg et al.，2015）。然而，以往对土地系统的研究大多集中在土地利用/覆盖上，忽视了土地系统的完整性和系统性（Zhang et al.，2016）。因此，越来越需要能够解析土地系统复杂性的建模工具，并能分析在扰动或压力作用下不同土地系统组成部分之间的转换关系和过程，这将有助于揭示土地系统结构脆弱性和生态功能脆弱性的影响机制。

复杂网络理论作为近年来系统科学的发展前沿，遵循结构决定功能这一系统科学的基本观点，强调系统结构并从结构角度分析系统功能是复杂网络理论研究的基本思路。因此，复杂网络理论为大型复杂网络统计特征的研究提供了新的方向。通过将复杂系统转换为具有节点和边的复杂网络，有助于应用网络拓扑结构来分析复杂系统的重要属性（Rubinov and Sporns，2010）。关于土地系统脆弱性，根据系统科学观点，我们将其分为结构脆弱性和生态功能脆弱性，分别是本章和第六章的内容。本章首先对土地系统复杂性特征进行分析，阐述复杂网络方法在土地系统中的适用性；其次从网络拓扑结构出发，依据复杂网络理论常用的统计参数，描述 1990～2015 年研究区的拓扑特征；最后提出识别土地系统中重要的土地利用类型和土地利用类型转换的方法，从而揭示土地系统结构脆弱性如何响应不同城市化情景。

第二节　土地系统复杂性特征分析

复杂系统由相互关联成分组成，这些成分遵循简单的规则，在网络或地理空间中相互作用，表现出各种有趣的动态特性（Mitchell，2009；Page，2010）。根据定义，复杂系统的复杂性源于三个特征：成分异质性、动态相互作用以及突发的系统功能。土地系统具有上述复杂性的三个特征，因此被广泛认为是典型的复杂系统（Dearing et al.，2010；Veldkamp et al.，2011）。

首先，土地系统是由不同层级、异质性成分组成的庞大系统。从宏观的角度来看，土地系统是由耕地、水域、林地、草地和城市子系统组成的。每个子系统由下层子系统构成，例如，陆地水系由河流、湖泊、湿地、水库和含水层子系统组成。从微观的角度来看，土地系统是由地理学方面相关的土地单元（如卫星图像像素）集合而成的（Veldkamp et al.，2011）。本书主要以不同土地类型（节点），如耕地、草地、林地、水域等为研究对象，分析不同土地类型在土地利用/覆盖过程中的作用。

其次，在空间和时间尺度上，不同的土地利用类型相互作用形成复杂的转换关系。子系统交换通量和流量，如营养、能量、碳和信息（Veldkamp et al.，2011）。这些相互作用关系发生在不同的空间位置，以及土地系统的内部环境中。此外，由于土地系统受人类活动的影响，子系统之间的相互作用也驱动和响应外部环境变化，如气候、城市化和宏观经济（Turner et al.，2013）。本书将快速城市化引发的不同土地利用类型之间的转换关系作为网络的边。值得一提的是，土地系统中的转换具有方向性和权重特征。

最后，由于不同成分之间的动态相互作用，土地系统产生了突发现象和非线性行为。突发现象被描述为不能通过监测孤立的系统成分预测的总结果（Parker et al.，2003）。突发现象的一个例子是著名的 Schelling 隔离模型。该模型认为不同种族家庭即便相对能容忍对方，仍会出现大范围隔离的居住模式。这些家庭喜欢与类似种族的家庭居住，且可以重新安置直到某地区相似种族比率高于令人满意的阈值（Schelling，2006）。该模型最终显示出高水平的种族分离，表明局部的相互作用将导致令人惊讶的聚集空间模式。总之，土地系统可被识别为由不同土地类型（节点）以及不同土地利用类型之间的转换（边）组成的有向有权复杂系统，这与土地利用/覆盖变化过程是相互联系的。复杂网络理论为衡量土地系统结构脆弱性提供了有力的工具，且有助于保持稳定的生态系统功能，从而在快速城市化区域建立弹性城市。

第三节　研究方法与数据源

本书采用复杂网络理论与方法来探讨快速城市化对土地系统结构脆弱性的影响机制。首先构建土地系统复杂网络模型，提取土地系统的拓扑结构，并根据1990～2015年武汉市土地利用转移矩阵建立不同时期的有向有权网络；其次根据我们提出的综合节点中心度（integrated node centrality，INC）指标识别关键土地利用类型和土地利用类型转换；最后构建级联模型，借助网络拓扑效率来探讨不同城市化水平对级联故障传播过程中土地系统结构脆弱性的影响。快速城市化区域土地系统拓扑特征及其对土地系统结构脆弱性影响的评估建模过程见图5-1。

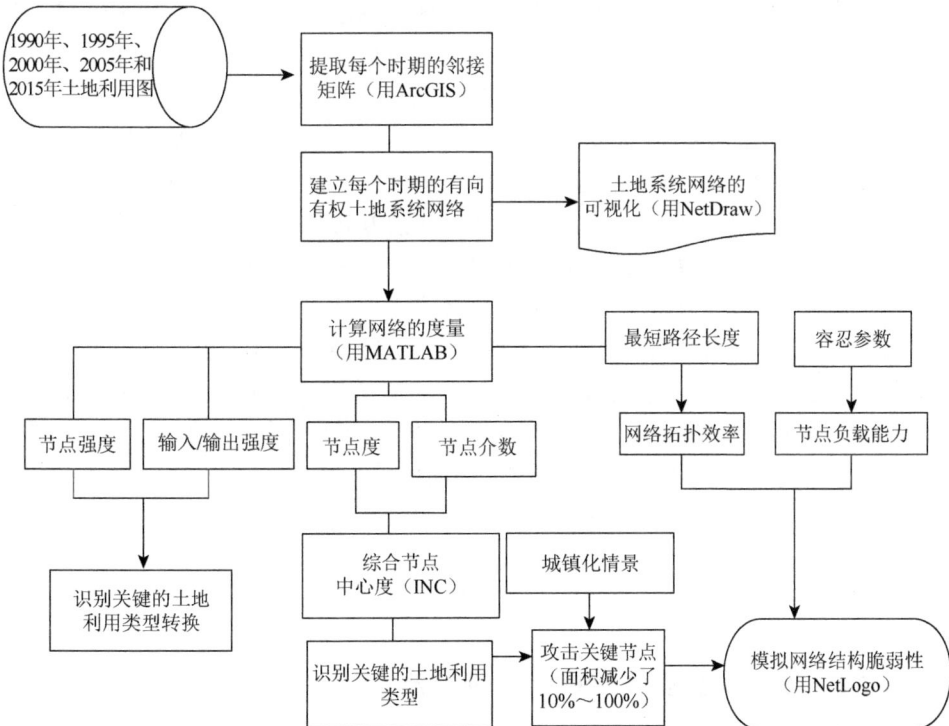

图5-1　土地系统拓扑特征和结构脆弱性分析过程

一、土地系统复杂网络描述模型

　　根据上面提及的土地系统复杂性特征，结合复杂网络理论对土地系统网络节点和边的界定，借助社会网络分析软件，得到土地系统复杂网络描述模型。

　　本书在国家标准《土地利用现状分类》（GB/T 21010—2017）框架下，结合不同土地利用类型生态系统服务功能差异（喻锋等，2015；李锋等，2011），将土地利用类型分为生态用地和非生态用地。从网络拓扑结构出发，土地系统复杂性更具体表现在节点多样性、结构复杂性和影响因素多等方面。节点多样性指土地系统中的土地利用类型多样，分别具有生态属性、社会属性和经济属性，为城市提供生态、生产、生活和流通的功能；结构复杂性主要指各种生态用地类型之间以及各种生态用地类型与各种非生态用地类型之间的转换；影响因素多指土地利用变化会受到物理/基础设施、环境、社会、经济、制度、政策、居民个体行为等的影响。

　　在土地系统中，节点指各土地利用类型，这里主要分为两类节点，即生态用地和非生态用地。生态用地指以提供生态产品、环境调节和生物保育等生态系统服务功能为主要用途的土地利用类型，如耕地、林地、水域、草地、湿地等；非生态用地主要指建设用地。边指不同土地利用类型之间的关联关系，如在快速城市化区域发展过程中，耕地向建设用地的转化。不同土地利用类型关联关系的确定可借助土地利用转移矩阵，关联关系的属性包括连接类型（生态连接或非生态连接，如建设用地向耕地转化是生态连接，水域向建设用地转化是非生态连接）、连接的紧密程度以及不同土地利用类型之间连接方向等。

　　本书研究的土地系统网络被识别为有向有权网络，这是因为不同土地利用类型之间的转化具有方向性，即土地系统网络的边具有方向。例如，e_{ij} 表示从节点 i 到节点 j 的连接，代表从土地利用类型 i 到 j 的转换。具体地说，如果土地系统经历从土地利用类型 i 到 j 的转换，那么 $e_{ij}=1$，否则 $e_{ij}=0$。边形成邻接矩阵，显示在一个时间步长期间发生的所有转换。此外，每个边的相关权重（w_{ij}）采用从土地利用类型 i 转换为土地利用类型 j 的面积进行度量。如果不同土地利用类型之间不存在转换，则 w_{ij} 设置为零。一个具有 T 时间步长的动态复杂网络可以表示为一个网络序列 $G=\{G_1, G_2, \cdots, G_T\}$。在后面的研究中，连续攻击同一节点（面积递减）或攻击不同节点均会产生一系列网络。

二、关键土地利用类型和转换的识别方法

　　已有研究表明，一个网络中的关键要素，如节点和边，可以借助度、强度和

介数来评估（Bompard et al.，2011；An et al.，2014）。这里，我们结合某节点 i 的总节点度（d_i^{tot}）和节点介数（B_i）构造了一个综合节点中心度指标 INC_i（Li and Xiao，2017），以识别土地系统网络中的重要节点，该指标的计算公式见式（5-1）：

$$\text{INC}_i = a_1 \overline{d_i^{\text{tot}}} + a_2 \overline{B_i} \qquad (5\text{-}1)$$

其中，$\overline{d_i^{\text{tot}}}$ 和 $\overline{B_i}$ 分别是 d_i^{tot} 和 B_i 的归一化值；a_1 和 a_2 分别表示节点度和节点介数之间的权重。本书中，我们假设 d_i^{tot} 和 B_i 对复杂网络拓扑结构特征有同样的贡献。因此，a_1 和 a_2 都取为 0.5。

在城市化过程的不同阶段，起主导作用的土地利用类型转换是基于以下指标来识别的，即节点强度（S_i^w）、输入节点强度（$S_{\text{in},i}^w$）、输出节点强度（$S_{\text{out},i}^w$）。具体而言，节点强度需度量所有与土地利用类型相关联的转换。入度强度和出度强度用于衡量一个土地利用类型在研究期内是否有更多的面积收益或损失。如果节点出度强度大于入度强度，表明该节点是以输出占主导地位的土地利用类型。否则，它被定义为以输入占主导地位的土地利用类型。尽管在第二章第三节对网络拓扑指标进行了展示，但不够详尽。因此，表 5-1 详细总结归纳了本章用于分析网络拓扑特征的统计方法，包括定义及其在土地系统中的含义。

表 5-1　复杂网络统计指标的定义及其在土地系统中的含义

测度	符号	定义	在土地系统中的含义
节点	i	构成网络的基本元素 i，如社交网络中的人、空中飞行网络中的机场	土地系统中的每一个土地利用类型 i 被识别为网络中的节点
边（连接）	e_{ij}	在有向网络中，边表示来自节点 i 和 j 的连接状态；如果存在从 i 指向 j 的连接，则 $e_{ij}=1$；否则 $e_{ij}=0$	在一段时间内从土地利用类型 i 到 j 的转换；如果存在从土地利用类型 i 到 j 的转换，则 $e_{ij}=1$；否则 $e_{ij}=0$
权重	w_{ij}	在有向网络中，从节点 i 到 j 的链路权重；权重通常由长度、厚度、容量、负载或与边相关联的强度获得	在一段时间内，土地利用类型由 i 转换为 j 的面积被定义为权重
邻接矩阵	A	由每对节点之间的所有连接组成的矩阵。对于无权网络，邻接矩阵 A 由 e_{ij} 构成。对于有权网络，它是由 w_{ij} 构成的。邻接矩阵的对角线包含零点	在一段时间内每一对土地利用类型发生的所有土地利用类型转换组成的矩阵
度	d_i	连接到节点 i 的连接数	与土地利用类型 i 连接的土地利用类型转换数
入度	$d_{\text{in},i}$	进入节点 i 的连接数	从其他土地利用类型到土地利用类型 i 的土地利用类型转换数
出度	$d_{\text{out},i}$	节点 i 的输出连接数	从土地利用类型 i 到其他土地利用类型的土地利用类型转换数
平均节点度	d	网络中所有节点的平均连接数	一个时期内土地系统网络中所有土地利用类型转换的平均数量，是网络"活跃"程度的一个指标
节点强度	S_i^w	在有权图中，节点强度表示与节点 i 连接的总权重，该总权重集成了关于节点 i 中关联连接的数量（度）和权重的信息	与土地利用类型 i 有关的土地利用类型转换的土地面积。该指标可以识别出具有最大总面积损益的最"活跃"土地利用类型

续表

测度	符号	定义	在土地系统中的含义
输入节点强度	$S_{\text{in},i}^w$	输入连接的总权重	从其他土地利用类型向土地利用类型 i 转换的土地总面积。该指标能够识别面积收益最大的土地利用类型
输出节点强度	$S_{\text{out},i}^w$	输出连接的总权重	从土地利用类型 i 向其他土地利用类型转换的土地总面积。该指标可以识别具有最大面积损失的土地利用类型
输出节点强度与输入节点强度的比值	r_i	该指标用于判断节点 i 是输入节点强度主导还是输出节点强度主导	如果 $r_i>1$，土地利用类型 i 是输出主导型；如果 $r_i=1$，土地利用类型 i 在区域内处于动态平衡状态；如果 $r_i<1$，土地利用类型 i 是输入主导型
平均节点强度	S^w	网络中所有节点的平均节点强度	在一个时期内的土地系统中土地利用类型转换涉及的平均土地面积
最短路径长度	d_{ij}	连接节点 i 和 j 的最短路径的边的数目	连接土地利用类型 i 和 j 所需的转换的和的最小值；反映土地系统的内部结构稳定性。较小的 d_{ij} 值表明土地利用类型 i 和 j 之间的转换更容易
平均路径长度	L	从网络的一个节点到另一个节点所经过的平均边数	在土地系统中把一个土地利用类型与另一个土地利用类型联系起来的平均边数
节点介数	B_i	通过节点 i 连接两个非相邻节点（如 j 和 h）的边的数量与网络中连接节点 j 和 h 总数量的比率，是一个用于度量网络中节点重要性的指标	通过土地利用类型 i 连接没有直接关联关系的两个土地利用类型（如 j 和 h）的边的数量与网络中连接节点 j 和 h 的总边数量的比率。用来衡量土地利用类型在土地系统中的重要性
聚类系数	C^w	在有权网络中，聚类系数是指与节点 i 相邻边的数量与网络最大可能边的数量的比值。它用于衡量一个系统的集中度，即网络中的节点倾向于聚集在一起的程度	用来衡量土地系统的网络结构是否更加集中化
负载	$B_{p,v}$	负载是复杂系统中节点承载的初始信息或资源量，如交通网络中的交通负载、电力网络中的电力负载以及虚拟网络中的信息负载等。它是权重的一种类型	与土地利用类型相关的负载用土地利用面积来表示
最大负载能力	A_v	每个节点处理最大负载的能力	在现实中，土地利用类型的土地利用面积的上限值通常由土地利用规划、城市规划和自然资源保护规划来规定
网络拓扑效率	$E(G)$	网络拓扑效率指距离的倒数；它用来度量网络中节点间信息传输的效率。如果网络中的节点对具有更小的距离，则网络具有更大的效率	对于具有高网络拓扑效率的土地系统来说，关键土地利用类型面积减少越多，网络将更具有弹性，这是由于土地利用类型之间转换更加频繁。攻击关键土地利用类型减少的面积将更有可能从其他土地利用类型的转换得到补偿，这降低了蓄意攻击的负面影响

三、土地系统结构脆弱性分析

结构脆弱性是指系统由于受到外部扰动源的扰动，其拓扑结构可能遭受"损害"的程度（Turner et al., 2003）。本章我们将城市化作为扰动源，重点关注城市化如何影响土地系统的结构脆弱性。显然，城市化导致研究区不同土地利用类型面积的变化。然而，尚不清楚城市化对土地系统结构脆弱性的影响机制。因此，我们从系统科学整体视角出发，利用复杂网络方法，通过设定网络拓扑结构的攻击策略，来评估快速城市化对土地系统结构脆弱性的影响程度（Chen et al.，2010）。该方法包括三个步骤：①定义每个节点在系统中所能承受的负载能力。②设定攻击方案。由于每个节点对复杂系统的连接性均有贡献，因此通过将节点从网络中部分或完全删除来定义不同的攻击策略。③定义指标来衡量由攻击导致的性能下降。

1. 节点负载和负载能力

一般来说，复杂系统中的节点可承载一些类型的信息或资源的初始数量，在复杂网络理论中称为负载（$B_{p,v}$），如交通网络中的交通负载、电力网络中的电力负载以及虚拟网络中的信息负载。负载可以通过连接（也称为边）在网络中流动。此外，每个节点也与最大负载能力相关联。如果每个节点的负载等于或小于其最大负载能力，则系统达到动态平衡状态，从而能够正常工作。然而，当网络受到攻击时，例如，一个或多个节点受到影响，系统中节点的初始负载平衡将被破坏，从而导致相邻节点上的负载重新分配。如果重新分配给节点的负载超过其最大负载能力，则超出的负载将进一步传递到其连接节点，这可能触发另一轮负载重新分配，并最终导致网络性能的显著变化。

在土地系统网络中，假设与每个节点相关联的负载（$B_{p,v}$）与土地利用类型面积有关。最大负载能力（A_v）定义为土地系统中各土地利用类型的土地利用面积上限。为保持景观多样性以及维护土地系统的重要生态系统功能，一种土地利用类型面积不能无限制地增加。现实生活中，土地利用类型面积的上限值通常由土地利用规划、城市规划和自然资源保护规划来规定。在复杂网络中，每个节点的最大负载能力与其初始负载 $B_{p,v}(0)$ 成正比，并且受一个容忍参数（α）约束（Li and Xiao，2017），α 可以在 10%～100% 来取值（间隔 10% 增长）。由此，最大负载能力可根据式（5-2）来定义：

$$A_v = (1+\alpha)B_{p,v}(0) \tag{5-2}$$

2. 攻击策略

在土地系统中，我们设计攻击策略来模拟不同城市化情景对土地系统结构脆弱性的影响。在复杂网络中广泛地考虑了两种类型的攻击：随机攻击或蓄意攻击。由于城市化进程加快，土地系统中土地利用类型转换具有一定的方向性，如从生态用地向建设用地转换。在这里，我们仅考虑蓄意攻击。一般而言，生态用地流失与城市化进程呈正相关关系，也就是说，城市化进程越快，生态用地流失越大。因此，我们设计了一系列攻击方案，通过将每个被攻击节点减少的面积以 10% 间隔从 10% 增加到 100% 来模拟不同城市化速度的影响。然后，被攻击节点（即土地利用类型）减少的土地利用面积（负载）将被分配给其相邻节点（通过从该节点输出的边）。这里有许多规则来分配负载。本书中我们采用的分配规则是将受到攻击的节点的面积按相邻节点的初始面积份额进行分配。我们假设在节点受到攻击后，该节点没有来自其他土地利用类型的转入。攻击某节点造成的影响将持续下去，直到每个剩余节点的更新负载等于式（5-2）中设定的最大负载能力。

3. 网络拓扑效率

网络拓扑效率是用来评估网络性能的指标。它主要用来衡量网络中不同组分之间信息传输的效率。网络拓扑效率采用式（5-3）来定义：

$$E(G) = \frac{1}{N(N-1)} \sum_{i \neq j \neq G} \frac{1}{d_{ij}} \tag{5-3}$$

其中，$E(G)$ 表示网络拓扑效率且 $0 \leq E(G) \leq 1$；d_{ij} 是节点 i 和节点 j 之间的最短路径上的距离。从式（5-3）可以看出，如果节点对之间距离越小，则网络具有越大的效率。类似于其他真实世界网络，土地系统网络具有较高的拓扑效率是至关重要的。一般来讲，土地系统网络中不同土地利用类型之间转换越频繁，土地系统的网络拓扑效率越高，关键土地利用类型面积减少得越多，系统越可能具有弹性。

四、研究数据

1990～2015 年武汉市土地利用数据取自中国科学院资源环境科学数据中心。该数据集采用中国科学院开发的分类系统，将土地系统分为 25 个亚型。但武汉市土地系统中有 6 个土地利用类型不存在，包括永久性冰川雪地、海洋、沙地、戈壁、盐碱地和其他未利用土地，如高寒荒漠和苔原等。因此，武汉市土地系统可划分为 6 个大的类别：耕地、林地、草地、水域、建设用地和未利用地，并进一步划分为 19 个亚类，包括水田（11）、旱地（12）、有林地（21）、灌木林（22）、疏林地（23）、其他林地（24）、高覆盖度草地（31）、中覆盖度草地（32）、低覆盖度草地（33）、河渠（41）、湖泊（42）、水库坑塘（43）、滩地（46）、城镇用地（51）、农村居民点（52）、其他建设用地（53）、沼泽地（64）、裸土地（65）和裸岩石质地（66）。

我们对 19 种土地利用类型进行分析，1990～2015 年不同土地利用类型转移矩阵见表 5-2。城市土地面积扩张趋势与城市人口趋势一致，但年增长率较高。例如，城市土地面积从 263.2hm^2（1990 年）增长到 295.8hm^2（2000 年），年增长率为 1.0%。2000～2015 年，城市扩张趋势加快，年增长率达到 6.0%。根据第三章 1990～2015 年武汉市不同 LUCC 类型空间变化趋势图（图 3-4）可以看出，武汉市景观在很大程度上受到快速城市化进程的影响，土地系统结构呈现出高度的动态性。复杂网络分析方法可以提供快速城市化过程中相关土地系统内发生的关键土地变化过程的更多信息。

表 5-2　转移矩阵：武汉市土地面积在不同土地利用类型之间的转换（1990～2015 年）

土地利用类型（代码）	土地利用类型（代码）																		
	11	12	21	22	23	24	31	32	33	41	42	43	46	64	65	66	51	52	53
水田（11）	79.77	1.71	0.08	0.02	0.33	0.05	0.32	0.03	0.00	0.23	0.75	4.62	0.87	0.18	0.01	0.00	3.34	0.71	6.98
旱地（12）	3.25	80.47	0.19	0.09	0.41	0.24	0.32	0.02	0.00	0.21	0.23	1.70	1.03	0.02	0.01	0.00	3.57	1.11	7.11
有林地（21）	1.56	1.02	87.10	0.05	1.16	0.14	0.12	0.11	0.00	0.10	2.62	0.21	1.69	0.06	0.01	0.00	1.11	0.17	2.76
灌木林（22）	1.87	0.32	0.80	88.83	2.90	0.69	0.39	0.00	0.00	0.04	0.02	0.45	0.03	0.01	0.00	0.00	1.30	0.40	1.94
疏林地（23）	2.25	1.37	1.92	0.16	88.05	0.36	0.28	0.16	0.00	0.01	0.10	0.56	0.13	0.01	0.03	0.00	0.85	0.31	3.46
其他林地（24）	18.43	3.94	0.53	0.00	0.42	45.87	0.02	0.00	0.00	1.65	0.05	4.66	0.78	0.02	0.00	0.00	7.92	0.42	15.29
高覆盖度草地（31）	1.82	0.84	0.84	0.03	1.43	0.01	73.97	0.01	0.00	2.12	1.17	4.09	3.23	0.01	0.02	0.01	2.90	0.44	7.07
中覆盖度草地（32）	0.70	0.66	2.25	0.00	1.44	0.00	0.25	58.61	0.03	0.06	0.74	0.08	0.00	0.07	0.02	0.00	12.94	0.00	22.16
低覆盖度草地（33）	2.50	2.99	0.03	0.00	5.09	0.00	0.07	0.60	57.79	0.00	1.04	0.06	0.09	0.11	0.03	0.00	5.27	5.86	18.46
河渠（41）	1.21	1.18	0.23	0.00	0.02	0.02	0.53	0.02	0.00	91.30	0.04	0.64	4.21	0.03	0.00	0.00	0.24	0.15	0.19
湖泊（42）	3.65	0.69	0.01	0.14	0.30	0.04	0.22	0.03	0.00	0.58	75.36	5.94	7.27	0.27	0.00	0.00	2.49	0.07	2.95
水库坑塘（43）	4.73	1.74	0.07	0.07	0.33	0.09	0.11	0.00	0.00	6.31	8.19	65.12	5.13	0.42	0.00	0.00	2.92	0.17	4.61
滩地（46）	5.93	2.77	0.02	0.07	0.92	0.00	0.22	0.00	0.00	3.47	16.66	12.50	44.60	1.17	0.07	0.00	5.20	0.03	6.43
沼泽地（64）	6.30	0.47	0.01	0.01	0.03	0.06	0.17	0.03	0.00	0.08	6.99	22.69	2.27	56.07	0.07	0.00	1.01	0.20	3.55
裸土地（65）	2.45	2.76	0.47	0.03	3.20	0.00	1.09	0.07	0.01	0.00	1.23	0.01	0.00	0.01	50.51	0.00	11.12	3.61	23.44
裸岩石质地（66）	4.05	0.11	0.00	0.00	0.00	0.00	0.34	0.00	0.00	0.00	0.00	0.00	0.00	0.00	0.00	54.43	41.07	0.00	0.00
城镇用地（51）	0.62	0.22	0.06	0.01	0.07	0.00	0.36	0.00	0.00	0.25	0.12	0.23	0.22	0.00	0.00	0.00	96.36	0.04	1.44
农村居民点（52）	4.44	2.49	0.11	0.03	0.29	0.02	0.37	0.00	0.00	0.09	0.08	0.48	0.24	0.03	0.00	0.00	2.18	88.64	0.54
其他建设用地（53）	6.16	1.83	0.52	1.39	0.89	0.01	0.28	0.02	0.00	0.04	0.19	1.13	0.43	0.01	0.00	0.00	29.10	0.99	57.02

五、软件平台

为实现图 5-1 中的研究内容，本书使用了一些软件工具，包括 ArcGIS Desktop 10.4、MATLAB R2014a、NetDraw 2.160、NetLogo 6.0.2。具体而言，ArcGIS 地理处理工具"Intersect"用于识别关注的两个时间点（如 2010 年和 2015 年）之间土地系统内部不同土地利用类型的转换，并生成该期间（如 2010～2015 年）的邻接矩阵。复杂网络理论中的统计参数（表 5-1）计算过程采用 MATLAB 软件处理。土地系统网络的可视化采用 NetDraw 软件来实现（图 5-2～图 5-6）。

此外，在 NetLogo 平台上，我们应用基于主体的建模（agent based model，ABM）技术来模拟不同城市化情景下土地系统的结构脆弱性。ABM 是一种研究微观层次上的主体（agent）交互产生的宏观复杂性的计算机仿真方法，它能对复杂系统中相互作用的主体及其与环境之间的关系进行建模，通过改变它们的属性影响主体之间及主体与环境之间相互作用的结果（Matthews et al.，2007）。在土地系统网络中，不同土地利用类型被确定为主体，土地利用类型面积是主体的属性。两个土地利用类型在研究期间发生转换，对其建立有向连接。将每种土地利用类型的初始土地利用面积输入模型以初始化主体的属性。通过攻击不同土地利用类型面积和设置不同容忍参数得到一系列情景，来表征影响土地系统中土地利用类型之间转换的外部环境。由此，每个主体（即土地利用类型）的属性（即土地利用面积）随着时间通过与其他主体和环境交互作用而发生改变。在 NetLogo 平台上，转换次数和网络拓扑效率被编码到模型中作为土地系统的结构脆弱性指标。利用 NetLogo 的 Behavior Space 工具对模型参数进行了系统变化的实验。

第四节　土地系统复杂网络拓扑特征

一、不同时期土地系统复杂网络拓扑结构

根据土地系统的复杂网络特征，将土地利用类型作为节点、不同土地利用类型之间的转换作为边、转换的土地利用类型面积作为权重来构建有向有权网络。根据本章第三节的研究数据，采用 ArcGIS Desktop 10.4 软件空间分析过程提取的 19 种土地利用类型之间的转换关系形成各个时期的转移矩阵（单位：hm^2）（表 5-2），生成 5 个时期（1990～1995 年、1995～2000 年、2000～2005 年、2005～2010 年、2010～2015 年）有向有权的土地系统网络，其拓扑结构见图 5-2～图 5-6。图中节点是 19 种土地利用类型，不同节点之间连接上的数值是转换面积（单位：hm^2）。

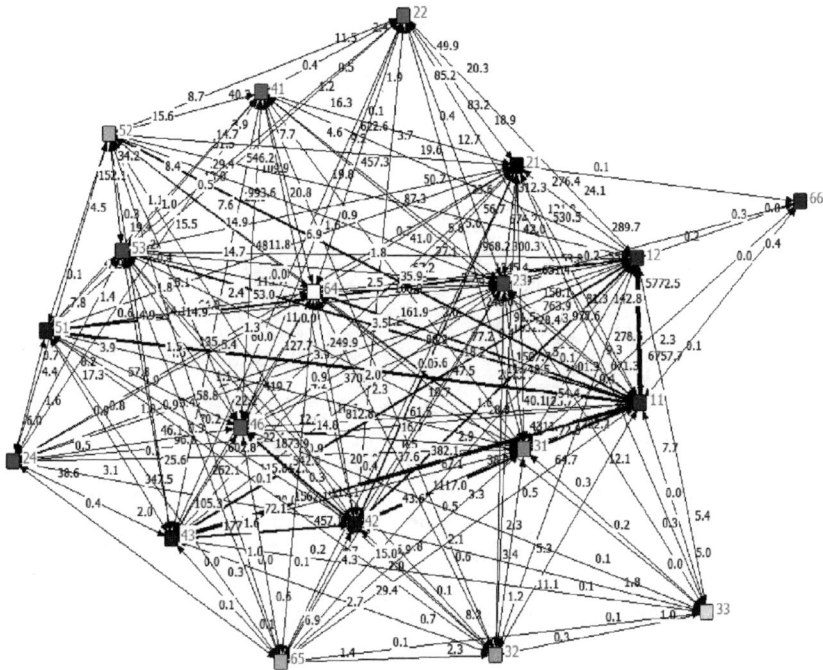

图 5-2 土地系统网络中不同土地利用类型转换的拓扑结构（1990～1995 年）

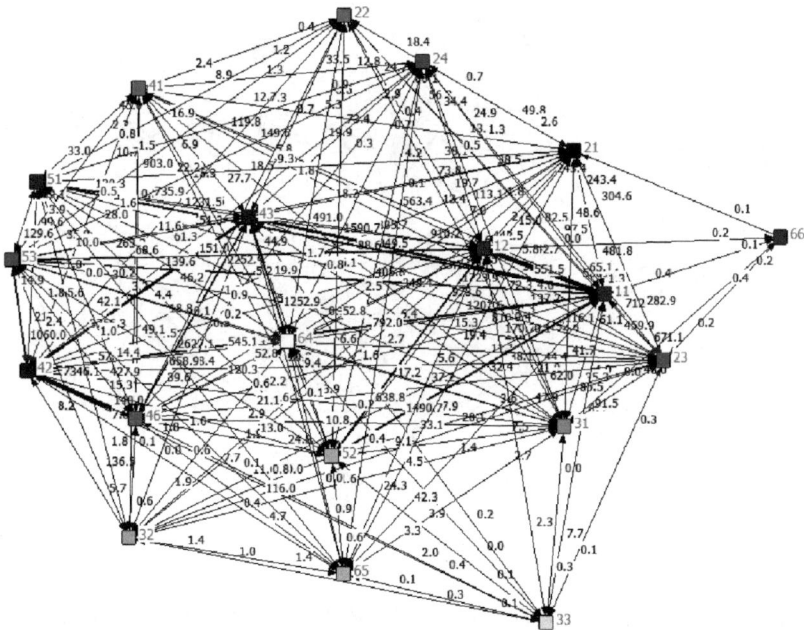

图 5-3 土地系统网络中不同土地利用类型转换的拓扑结构（1995～2000 年）

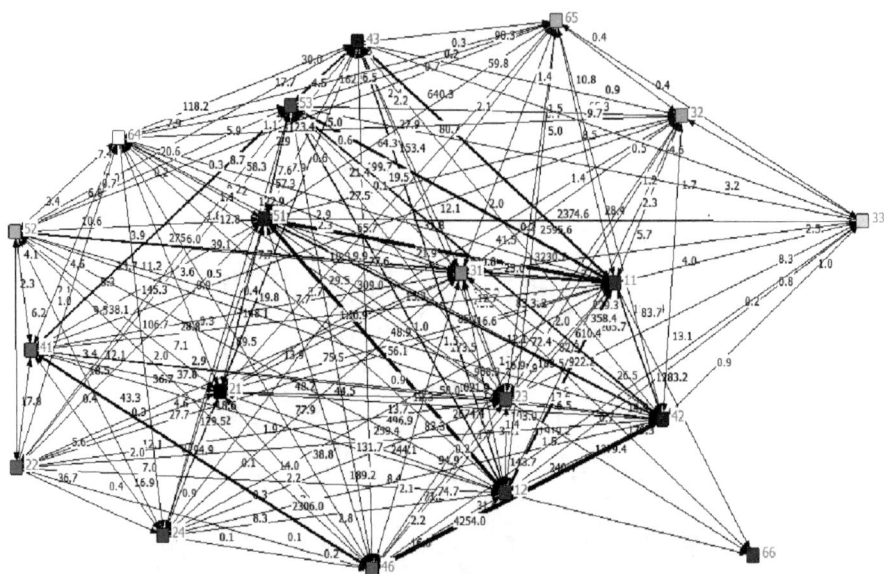

图 5-4　土地系统网络中不同土地利用类型转换的拓扑结构（2000～2005 年）

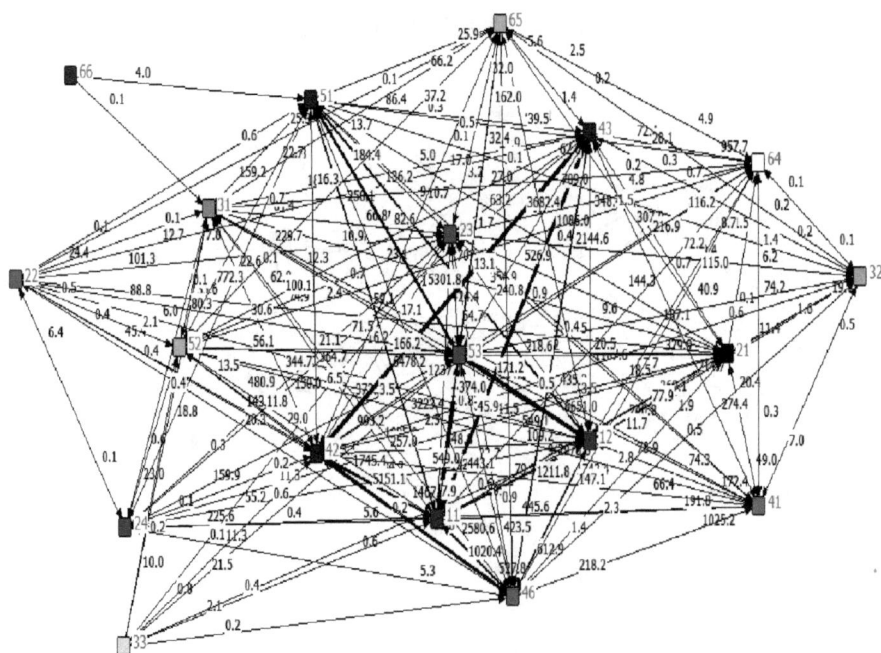

图 5-5　土地系统网络中不同土地利用类型转换的拓扑结构（2005～2010 年）

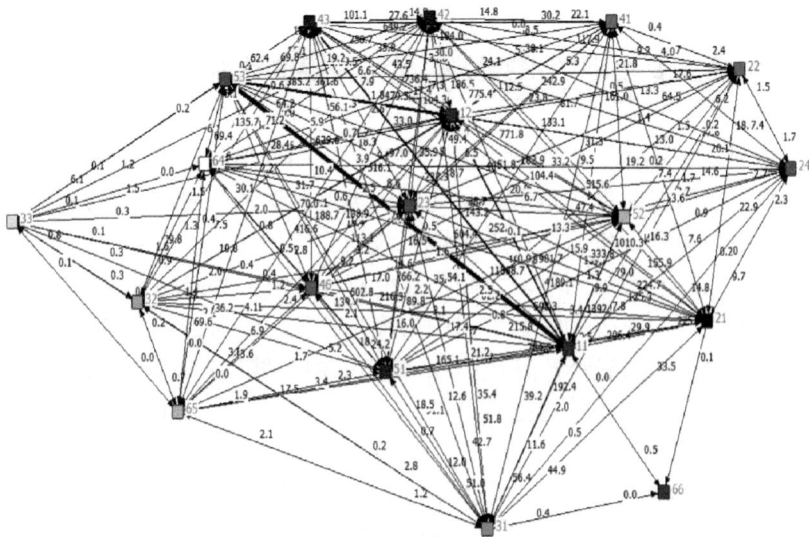

图 5-6 土地系统网络中不同土地利用类型转换的拓扑结构（2010～2015 年）

二、不同时期土地系统复杂网络拓扑统计特征

利用 MATLAB 软件计算土地系统网络中的统计特征参数来分析网络拓扑特征。主要参数有平均节点度、平均节点强度、平均路径长度、网络拓扑效率、聚类系数（表 5-3）。平均节点度在 1990～2010 年经历下降趋势，然而在 2010～2015 年增加。2005～2010 年土地系统复杂网络具有最小的平均节点度，但具有最大的平均节点强度。这表明 2005～2010 年，不同土地利用类型之间转换较少，但是转换更加集中。平均路径长度在 1990～2010 年从 1.146 变化到 1.193，然后在 2010～2015 年下降到 1.146。由此，在 2005～2010 年网络拓扑效率较小而聚类系数比其他时期大。这些结果进一步揭示 2005～2010 年的土地系统网络具有更少的转换关系，但转换面积更大，聚集性更强。

表 5-3 有向有权土地系统网络的拓扑指标

指标	1990～1995 年	1995～2000 年	2000～2005 年	2005～2010 年	2010～2015 年
平均节点度	30.42	30.32	28.53	27.37	30.42
平均节点强度	60.05	68.39	42.78	103.13	57.34
平均路径长度	1.146	1.146	1.152	1.193	1.146
网络拓扑效率	0.927	0.927	0.924	0.904	0.927
聚类系数	60.03	63.99	36.80	109.47	56.88

三、土地系统重要土地利用类型和优势转换的识别

图 5-7 显示了不同土地利用类型的综合节点中心度指标值，水田（11）和水库坑塘（43）在所有时期都是重要土地利用类型，这意味着经常有入流和出流在这些土地利用类型中发生。这对于土地系统的连接性是至关重要的，连接紧密的系统非常脆弱也最容易受到攻击。高覆盖度草地（31）和疏林地（23）在前 3 个时期是重要节点，但在后期综合节点中心度指标值呈下降趋势。原因是这两种土地利用类型的面积相对较小，且在 2005 年之前由于城市扩张，其面积大幅缩小。剩余的高覆盖度草地或疏林地主要分布在水体的边缘或丘陵地区，这降低了其转换为建设用地的可能性。相比之下，城镇用地（51）和河渠（41）在后期的土地利用变化中变得越来越重要，因为它们的综合节点中心度指标值在 1990～2010 年显著增加并且在 2005～2010 年达到峰值。这一结果进一步解释了为什么 2005～2010 年土地系统网络高度聚集，因为在此期间重要转化都发生在这些重要节点之间。

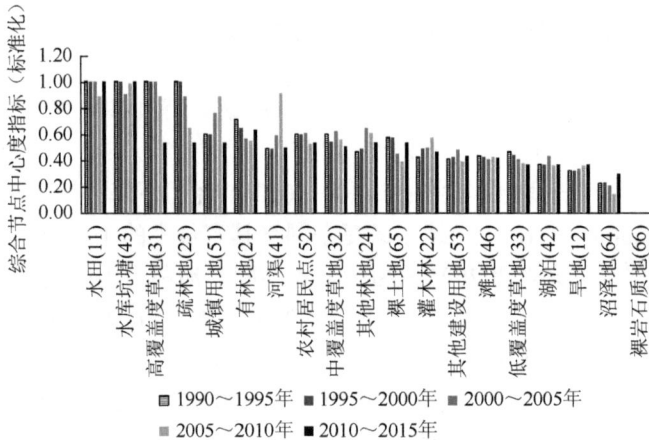

图 5-7　基于综合节点中心度（INC）指标的土地系统重要土地利用类型识别

在确定重要土地利用类型后，我们进一步探讨了主导土地系统动态变化的土地利用类型转换。本书采用三个统计特征参数，即节点强度、输出节点强度和输入节点强度来测度城市化进程中不同时期的优势土地利用类型转换。如表 5-4 所示，19 种土地利用类型被划分为生态用地和建设用地。一般来讲，城镇用地、农村居民点和其他建设用地以输入为主导（即出度/入度<1），表明这些土地利用面积的收益大于损失。其中，2005～2010 年、2010～2015 年两个时期其他建设用地（53）的节点强度最大，其次是城镇用地（51）。农村居民点在这两个时期的输出

节点强度/输入节点强度在 1.0 左右，这表明农村居民点用地面积处于动态平衡状态。农村居民点用地面积增加主要由孩子长大成人后原有家庭分裂并建立新家庭造成；减少的主要原因是中国"城乡建设用地增减挂钩"的土地利用政策实施（Li et al.，2014）。近几十年来，农村劳动力迁移现象日益增多（Liu et al.，2014b），特别是在快速城市化区域，这导致大量农村居民点被遗弃。一些被遗弃的土地被复垦用于农业用途，以弥补政策导致的耕地损失。相比而言，城镇用地和其他建设用地通过侵占耕地增长很快。水田（11）和旱地（12）都具有较大的节点强度值，并且都是输出主导型。更为重要的是，2000～2010 年以后，水田和旱地的出度和入度比值急剧增加，表明快速城市化导致的耕地损失随着时间的推移而加速。尽管河渠、湖泊和沼泽地的出度和入度比值经历了波动，但它们基本上属于输出主导型土地利用类型，损失大于收益。这与以往研究中观测到的武汉市湖泊面积自 20 世纪 80 年代以来急剧缩小的观测一致（Yang and Ke，2015；马建威等，2017）。相应地，水库坑塘在前四个时期属于输入主导型土地利用类型，但在 2010～2015 年转变为输出主导型土地利用类型。这可能归因于武汉市水产养殖业的重要性下降。此外，滩地的动态变化是由河流水位波动引起的，而不是城市扩张。其他土地利用类型，如林地和草地，仅占武汉市总面积的一小部分。它们也呈现较小的变化，主要是输出主导型土地利用类型。总之，土地利用类型之间重要的转换主要是从生态用地到建设用地的转换，特别是从耕地和水域向城镇用地和其他建设用地的转换。2000 年以后，生态用地减少趋势更加明显，在 2005～2010 年特别显著。

表 5-4　不同时期土地系统的节点强度（输出节点强度/输入节点强度）

土地利用类型（代码）		节点强度（输出节点强度/输入节点强度）				
		1990～1995 年	1995～2000 年	2000～2005 年	2005～2010 年	2010～2015 年
生态用地	水田（11）	353.09（1.78）	323.39（1.03）	180.64（2.80）	398.16（3.48）	330.78（2.14）
	旱地（12）	221.73（1.12）	216.09（1.29）	110.02（2.63）	219.81（3.54）	195.18（2.06）
	有林地（21）	38.9（2.56）	23.21（0.95）	9.59（1.90）	23.92（1.33）	19.31（1.33）
	灌木林（22）	4.99（1.17）	5.37（1.21）	1.97（2.45）	7.50（0.75）	4.56（1.16）
	疏林地（23）	42.05（1.22）	39.79（0.99）	13.92（1.54）	42.96（1.25）	34.47（1.3）
	其他林地（24）	5.37（0.67）	3.46（0.46）	6.27（0.84）	6.37（4.78）	4.64（0.24）
	高覆盖度草地（31）	9.69（0.82）	8.38（1.16）	8.29（2.46）	28.01（0.44）	10.47（0.77）
	中覆盖度草地（32）	0.96（0.78）	2.94（1.51）	1.18（2.82）	2.72（0.86）	1.51（1.19）
	低覆盖度草地（33）	0.27（1.04）	0.24（1.27）	0.31（3.79）	0.37（18.67）	0.19（1.77）
	河渠（41）	19.31（2.63）	25.31（1.09）	42.66（0.07）	35.95（1.19）	13.17（1.44）
	湖泊（42）	122.7（0.3）	185.86（5.87）	110.75（0.82）	242.61（2.08）	45.43（1.59）

续表

土地利用类型（代码）		节点强度（输出节点强度/输入节点强度）				
		1990～1995 年	1995～2000 年	2000～2005 年	2005～2010 年	2010～2015 年
生态用地	水库坑塘（43）	117.95（0.73）	150.94（0.47）	68.19（0.61）	276.98（0.48）	80.02（1.51）
	沼泽地（64）	26.41（0.33）	30.53（8.22）	5.63（1.75）	24.56（1.63）	6.57（1.93）
	滩地（46）	52.56（4.17）	134.23（0.14）	93.77（3.47）	176.21（0.36）	31.83（0.74）
	裸土地（65）	2.82（0.33）	2.92（2.27）	3.15（1.37）	5.00（4.29）	1.91（3.42）
	裸岩石质地（66）	0.02（0.69）	0.02（1.65）	0.01（0）	0.01（*）	0.01（0.96）
建设用地	城镇用地（51）	54.94（0.07）	41.57（2.1）	80.59（0.03）	143.12（0.06）	32.22（0.52）
	农村居民点（52）	43.66（0.74）	50.57（0.85）	20.09（0.35）	35.56（1.18）	42.42（0.75）
	其他建设用地（53）	23.58（0.11）	54.62（0.1）	55.85（0.06）	289.69（0.36）	234.68（0.07）

注：节点强度是输出节点强度和输入节点强度权重之和，表明土地利用类型总的转化（单位为 km²）；括号（）中的每个数据表示出度与入度的比值，度量某种土地利用类型是否在关注的时期有更多的面积收益或损失；*裸岩石质地在 2005～2010 年无入权重（即没有其他地类转化为裸岩石质地）。

第五节　不同城市化发展模式对土地系统结构脆弱性的影响

　　攻击较重要的节点对网络结构的影响大于对较次要节点的攻击（Chopra and Khanna，2014）。以最新一个时期（2010～2015 年）的土地系统网络作为例子，探讨蓄意攻击不同生态用地如何导致土地系统网络结构脆弱性的变化。如上所述，快速城市化区域的土地利用变化主要由生态用地向城镇用地转变。一般而言，城市化速度越快，生态用地面积损失就越大。因此，我们采用生态用地面积减少的不同水平（10%～100%）来模拟不同城市化进程对土地系统结构脆弱性的影响。这里，我们采用网络拓扑效率作为系统结构脆弱性的一个指标。在 NetLogo 中，采用 Behavior Space 工具设置不同参数进行仿真，这部分将生态用地攻击率参数从 10%变化到 100%，增加间隔为 10%；容忍参数（α）设定为定值，即 30%。图 5-8 显示了具有最高 INC 值的五个节点分别受到攻击后土地系统网络的响应。

　　由图 5-8 可以看出，土地系统在受到攻击之前共有 289 个链路，节点紧密连接，具有较高的网络拓扑效率，为 0.927（图 5-8（a））。然而，当重要节点受到攻击时，土地系统网络的连接和效率急剧下降（图 5-8（b）～（f））。例如，将水田面积减少 30%会导致网络连通性下降和网络拓扑效率减少，链路数量从 289 个减少到 178 个，网络拓扑效率从 0.927 减少到 0.57（图 5-8（b））。图 5-9 显示每个节点面积从 10%减少到 100%时网络拓扑效率的变化趋势。首先，水田（11）面积减少对土地系统网络拓扑效率产生的负面影响最大，其次是旱地（12）和湖泊

（42）。相比之下，攻击其他土地利用类型对土地系统网络拓扑效率的影响较小，即便它们的面积减少40%或更大。这证实了当土地系统具有较高INC值和较大负载能力的节点受到蓄意攻击时，表现得更加脆弱。另外，在不同攻击率（即面积减少率）下，水田面积减少会导致网络拓扑效率减少，而攻击旱地或湖泊会导致网络拓扑效率波动（上升和下降）。一旦受到攻击，受到攻击的节点减少的负载将

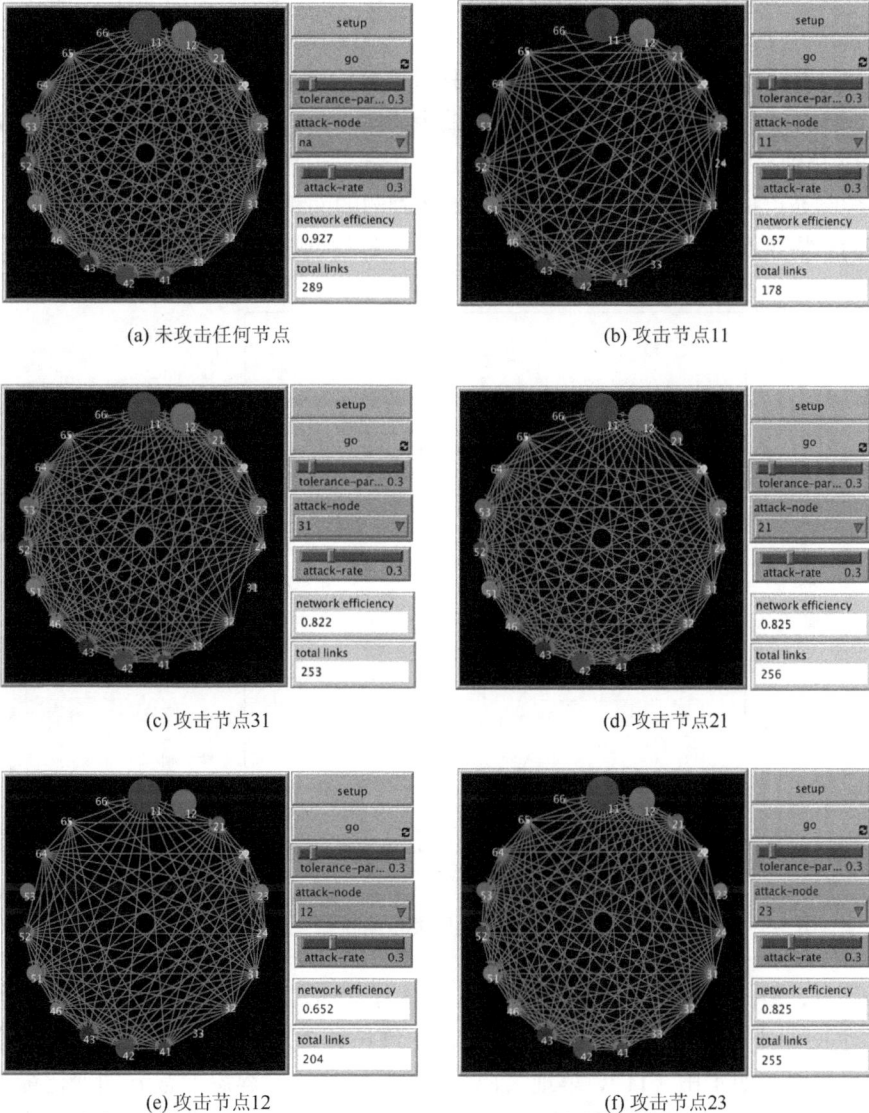

(a) 未攻击任何节点　　　　　　　　　　(b) 攻击节点11

(c) 攻击节点31　　　　　　　　　　　(d) 攻击节点21

(e) 攻击节点12　　　　　　　　　　　(f) 攻击节点23

图 5-8　节点和连接受到攻击后的土地系统网络

节点在受到攻击后，容忍参数和面积的减少参数均设置为0.3。NetLogo软件界面显示相应的节点受到攻击后的网络拓扑效率和剩余的网络连接

通过该节点的出流链路重新分配到其相邻节点。因此，攻击旱地或湖泊时导致的网络拓扑效率下降归因于向更低连通性节点转换，如城镇用地和其他建设用地，而增加趋势主要是通过向更高连通性节点转换来实现，如水田。最后，考虑到水田、旱地和湖泊对网络拓扑效率的影响较大，并且这些生态用地最有可能因城市扩张而遭受面积损失，我们基于不同攻击情景，进一步识别这几种生态用地的临界点（图5-9）。这里临界点指在攻击某个土地利用类型时，网络拓扑效率出现加速下降的趋势。显然，30%是水田临界点，一旦超过这个临界点，网络拓扑效率将急剧下降到零。由于旱地和湖泊攻击率与网络拓扑效率之间的关系呈现出波动性，因此我们选择网络拓扑效率突然减少的第一个点作为临界点。相应地，50%和 20%分别被确定为旱地和湖泊的临界点。因此，迫切要求政策决策者采取重要措施来控制城市扩张，尤其避免水田、旱地和湖泊的面积损失加大，其减少面积应小于它们的临界点以保护它们，从而减缓土地系统结构脆弱性急剧增加。

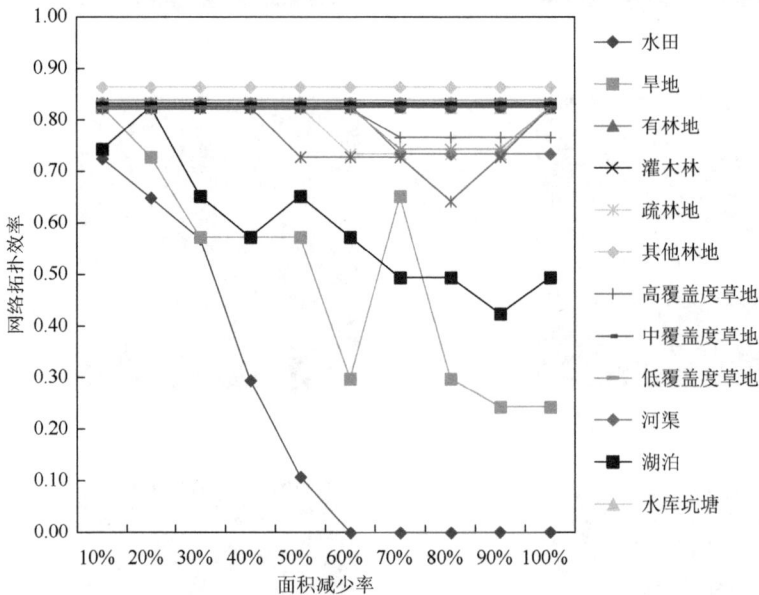

图 5-9　网络拓扑效率与不同土地利用类型面积减少的变化趋势（$\alpha = 0.3$）

　　同时，将土地利用类型面积减少率设定为30%，研究网络拓扑效率与容忍参数 α 之间的变化趋势（图 5-10）。通常，网络拓扑效率与 α 正相关。值得注意的是，重要地类如水田（11）、旱地（12）和湖泊（42）对容忍参数 α 的变化最为敏感，这表明土地系统网络更容易受到对具有较大负载能力的节点的蓄意攻击。需要特别指出的是，当容忍参数 α 从 0 增加到 0.5 时，网络拓扑效率急剧增加，到 0.5 临界值时达到最大。

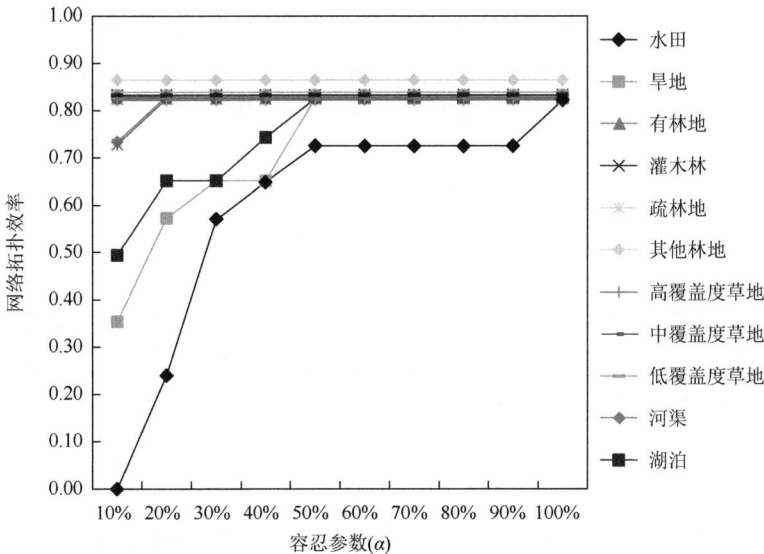

图 5-10　网络拓扑效率随容忍参数的变化趋势（土地利用类型受到攻击后面积减少率设定为 30%）

第六节　本 章 小 结

本章发展了一套方法论，即整合复杂网络和攻击情景来研究土地系统对不同城市化水平的响应。我们将武汉市作为案例研究，主要原因在于武汉市是中国快速城市化区域的典型代表，既有经济机遇，又有环境挑战。一方面，由于地理位置优越，我国政府 2015 年制定的《长江中游城市群发展规划》将武汉市作为中国经济新的增长点（中华人民共和国国家发展和改革委员会，2015）。因此，武汉市具有巨大的发展潜力，目前正处于城市化加速阶段。另一方面，过去的二十年，快速城市化进程导致了严重的环境问题，如生态用地的过度消耗，城市水系不可逆转的破坏（Du et al.，2010），以及频繁发生的重度雾霾事件（Lu et al.，2017）。因此，探讨土地系统的历史动态变化过程及其对不同城市化情景的脆弱性响应，对于武汉市以及世界其他城市化区域中发展具有弹性的城市至关重要。

本章首先提取武汉市 1990～1995 年、1995～2000 年、2000～2005 年、2005～2010 年和 2010～2015 年五个时段的土地系统拓扑结构。研究发现，武汉市 2005～2010 年的土地系统最值得关注，因为网络结构高度集聚，大部分土地利用变化主要发生在为数不多的土地利用类型之间。由节点强度分析结果可知，这一时期水田和旱地出度/入度最大，水田和旱地转出面积最大，表明损失最大，其他建设用地和城镇用地出度/入度最小，其他建设用地和城镇用地转入面积最大，表明收益最大。这说明 2005~2010 年城市快速扩张消耗了大量耕地。这些趋势在过去的一段时期（2010~2015 年）放缓，但仍比 2005 年之前大得多。其次，我们提出了一个新的指标即综合节点中心度来识别关键土地利用类型，采用节点强度来识别重要土地利用类型转换。研究发现，水田是土地系统网络中最重要的节点，因为它具有最大数量的转换并涉及最大的面积。输出节点强度/输入节点强度指标的时间变化趋势表明，水田、旱地、湖泊、河渠、有林地和低覆盖度草地是以输出为主导的土地利用类型，而城镇用地和其他建设用地主要是以输入为主导的土地利用类型。这可以通过 Li 等（2016）的先前研究得到证实，武汉市城市化过程消耗了大量的生态用地，这大大影响了土地系统的结构脆弱性。最后，考虑不同攻击策略下土地系统结构脆弱性如何响应不同城市化水平（这里的城市化水平采用生态用地攻击率来表示）。结果表明，攻击具有较大的综合节点中心度和更大负载能力（土地利用面积）的节点，如水田、旱地、湖泊，土地系统将表现得更加脆弱。由于研究区总的土地面积保持不变，攻击一个重要土地利用类型导致的面积减少将在其联系节点之间进行面积的重新分配。因此，攻击重要节点会对网络中的其他节点产生级联影响，最终影响土地系统的连通性和网络拓扑效率。这类似于其他复杂网络中结构脆弱性的机制（Chopra et al.，2014）。此外，当重要节点的面积减少超过临界点时，我们发现土地系统的网络拓扑效率和连通性急剧下降。具体地，水田、旱地和湖泊的临界点分别为 30%、50%和 20%。同时，提高土地系统网络拓扑效率的有效途径是将重要节点的面积增加 0%~50%。

本章的研究成果对于构建弹性城市提出了三个重要建议。第一，从网络拓扑结构视角来看，武汉市土地系统中的水田、旱地和湖泊是最重要的节点，它们对土地系统网络的结构稳定性具有最大的级联影响，因此需要努力保护这些节点。第二，控制每一个重要土地利用类型的下降率并将其保持在临界点以下是至关重要的。这些信息可以整合到土地利用规划和决策中，用以指导每种土地利用类型规模上限和下限的设定，以实现土地系统可持续发展。第三，值得注意的是，武汉市城镇用地扩张速度远高于城市人口增长速度，即在 2000~2015 年城镇用地年增长率是城市人口年增长率的 5 倍。因此，为满足城市发展对土地的需求，需要通过重新开发低效率的城市用地，如改造棚户区、城中村和废弃工厂等（Liu et al.，2015），提高现有城市的土地利用效率。

本章有助于拓展复杂网络在土地系统中的应用，充分凸显复杂网络能抓住土地系统网络拓扑结构的复杂性、动态性、异质性和突发现象的潜力。另外，我们探讨了采用 NetLogo 软件的 ABM 来模拟土地系统对不同城市化情景的响应。特别地，我们发现 NetLogo 软件中的 Behavior Space 工具特别强大，具有广泛的潜在适用性，可通过与复杂网络耦合来揭示其他复杂系统中结构脆弱性的形成机制。然而，本章研究存在一些局限性。第一，我们假设最大负载能力与其初始负载成正比并受容忍参数（α）约束，从而简化最大负载能力（这里指土地利用类型的土地利用面积的上限值）的设计。然而，在现实生活中，最大负载能力应该来源于相关的城市规划中，如土地利用规划、城市规划和自然资源保护规划，这可以为决策者提供更加实际和有用的参考。第二，由于结构决定功能（Strogatz，2001），土地系统结构稳定性对于确保其功能正常运行至关重要。本章仅研究了城市化扰动下土地系统结构脆弱性。关于结构脆弱性如何触发生态功能脆弱性的研究需要进一步研究。第六章将整合生态系统服务价值指标和网络拓扑指标来研究城市化对土地系统生态功能脆弱性的影响。第三，土地系统是具有丰富空间信息的地理系统。今后我们不仅需要关注土地系统的拓扑性质，更需要关注其空间信息。

第六章　快速城市化对土地系统生态功能脆弱性影响研究

土地系统具有多功能属性，如社会、经济和生态功能，每种功能都为人类社会带来不同的福利（Hölting et al.，2019）。特别是土地系统支持的生态功能具有提供人类生存必需品和服务的能力，如维护生物多样性、水文调节、碳封存和废弃物处理等（Costanza et al.，1997）。越来越多的研究表明，快速城市化是影响生态系统功能脆弱性的主要因素（Garschagen and Romero-Lankao，2013；Srinivasan et al.，2013；Wang et al.，2018a；2018b）。土地资源可看成一种存量-流量资源，快速城市化过程导致生态用地向建设用地转变，使得不同土地利用类型存量之间发生流动，从而触发不同类型的生态系统服务（ecosystem services，ES）之间流动。本章运用复杂网络理论与方法，以中国中部特大城市——武汉市为例，从流量与存量的视角，建立一个分析框架来解释城市化进程如何使土地系统生态功能退化，评估土地利用变化引发的生态系统服务价值的存量和流量变化，并结合生态系统服务价值变化和生态负载熵两个指标，探讨不同城市化情景对土地系统生态功能脆弱性的影响。

第一节　存量-流量模型

一、存量与流量的概念

存量和流量是两个重要的自然资源经济学概念（马中，2019）。自然资源的存量是指在一定的经济技术水平下能被人类利用的资源储量。在某一固定时间点上，自然资源存量是一个确定的数值。随着社会经济的发展和科学技术水平的提高，已探明的自然资源不断被利用，新的自然资源不断被发现，在一个动态的时间范围内，自然资源的存量又是不断变化的。自然资源的流量是指在一定时期内的资源流入量和流出量，如可更新资源的再生量和可耗竭资源的开采量。影响自然资源流量的因素包括自然的新陈代谢和人为的干预。在一定的时期内，资源流入量减去资源流出量等于资源净流量。资源净流量可以反映自然资源的消耗速度。

根据以上关于存量和流量的定义，土地资源可以被视为存量-流量资源，图 6-1 为土地资源存量-流量的简化模型。从理论上看，尽管土地资源没有使用速度的限制，但可以储备起来以供将来使用或转化为土地上所生产的产品，类似于不可再生能源或材料资源（Dafermos et al.，2017）。土地资源的存量是土地系统中可以在一定技

$$S_{t+1} = S_t + F_{i,\,in} - F_{i,\,out}$$

图 6-1 土地资源存量-流量的简化模型

LU_i 代表第 i 种土地利用类型；S_t 与 S_{t+1} 分别代表第 i 种土地利用类型在时间 t 和 $t+1$ 的存量；$F_{i,\,in}$ 与 $F_{i,\,out}$ 分别代表第 i 种土地利用类型在研究期间的流入量和流出量

术和经济水平上开发或利用的土地数量（以面积计），土地资源的流量是指一段时间内在不同土地利用类型之间转化的土地数量，包括土地流入和土地流出。某些类型的生态系统服务与特定类型的土地资源密切相关（Costanza et al.，1997）。例如，木材调节和气候调节主要由林地提供，而水调节基本上由水域提供。因此，不同土地利用类型之间的流动可以触发不同类型生态系统服务之间的流动。基于此，本章将土地资源存量与流量，以及生态系统服务存量与流量结合起来研究城市化触发的土地利用变化如何影响土地系统的生态功能脆弱性。

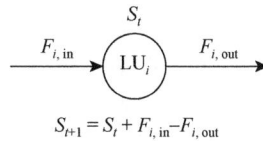

二、存量与流量视角下城市化进程引发生态功能退化的分析框架

城市化主要表现在两个方面：城市人口增长和建设用地扩张（Wang et al.，2015；Deng et al.，2015）。城市人口增长的部分原因是人口从农村向城市的迁移（Liang，2016），这是城市化的主要驱动因素。然而，值得注意的是，城市建成区面积扩张速度是人口增长速度的两倍（Elmqvist et al.，2013；Deng et al.，2008）。因此，从不同土地利用类型转化导致建设用地扩张视角来研究土地系统生态功能退化具有重要意义。

土地资源是存量-流量资源，土地资源存量可以用面积来计，土地总面积在一定地理边界内是恒定不变的，城市化进程主要通过侵占生态用地来实现，如耕地、林地、水域和草地等（Foley et al.，2005；Wang et al.，2018b）。这引发了土地系统从自然系统向人类主导或人类自然耦合系统的转变，也极大地改变了土地系统的结构（Zhang et al.，2018；Liu et al.，2019）。结构决定功能是系统科学的基本观点（Strogatz，2001），土地系统生态功能脆弱性的根本原因在于土地系统结构的变化。根据存量-流量观点，快速城市化对土地系统的影响主要表现为，生态用地向建设用地的转变，导致生态用地流失和生态系统服务供应损失，最终影响土地系统本身的生态功能（Song et al.，2015）。因此，只有探讨土地资源存量是如何影响生态系统服务流量供应的，我们才能将功能性权衡纳入有效的土地利用计划决策中，以降低土地系统的生态功能脆弱性（Goldstein et al.，2012）。

　　基于此,本章从存量-流量视角建立快速城市化对生态功能脆弱性影响机制的理论框架,关键在于将不同土地利用类型之间的转换所产生的生态系统服务流分成两类,即生态流(ecological flow,EF)和非生态流(non-ecological flow,NEF)(图 6-2)。

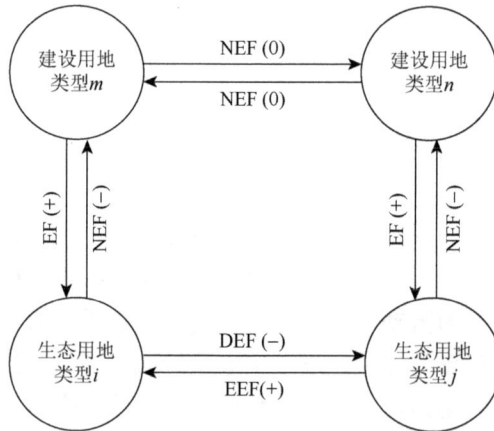

图 6-2　土地资源存量间不同类型的生态系统服务流

i 与 *j* 是两种生态用地类型;*m* 与 *n* 是两种建设用地类型。第 *i* 种生态用地类型提供的生态系统服务大于第 *j* 种生态用地类型提供的生态系统服务。*m* 与 *n* 两种建设用地提供的生态系统服务可忽略。EF 表示生态流;NEF 表示非生态流;EEF 表示增强生态流(enhanced ecological flow);DEF 表示退化生态流(degraded ecological flow);(+)表明生态系统服务流增加;(−)表明生态系统服务流减少;(0)表示生态系统服务流不变

　　生态流是由其他土地利用类型向生态用地转化而形成的,这可能会带来生态系统服务的减少或增加。由此,我们将生态流进一步分为退化生态流(Foley et al.,2005)和增强生态流。如图 6-2 所示,当提供较高生态系统服务的生态用地类型(土地利用类型 *i*)转换为提供较低生态系统服务的生态用地类型(土地利用类型 *j*)时,会导致总的生态系统服务减少,意味着土地系统的生态功能脆弱性较高,这种转化称为退化生态流。相反,当提供较低生态系统服务的生态用地类型转换为提供较高生态系统服务的生态用地类型,或建设用地转换为生态用地时,会导致总的生态系统服务增加,意味着土地系统的生态功能脆弱性降低,这种转化称为增强生态流。

　　非生态流是由不同建设用地之间的转换或其他土地利用类型转化为建设用地的过程所引发的(图 6-2)。非生态流可能导致生态系统服务不变或损失。两种不同建设用地(如土地利用类型 *m* 或 *n*)之间的转换不会导致生态系统服务值的变化。当土地系统经历从生态用地(如土地利用类型 *i* 或 *j*)到建设用地(土地利用类型 *m* 或 *n*)的转换时,会发生生态系统服务的损失。伴随生态系统服务损失的

非生态流可能会导致更高水平的生态功能脆弱性。在快速城市化过程中，土地利用转型主要表现为建设用地对其他土地资源的侵占，特别是对生态用地的侵占。这将会引起大量的非生态流，使得土地生态系统更加脆弱。在快速城市化区域，出于粮食安全考虑，一部分其他类型的生态用地将会转变为耕地，这种转变可能导致退化生态流，并对土地系统的生态功能产生负面影响。

第二节　研究方法与数据源

本章采用复杂网络理论与方法来探讨快速城市化对土地系统生态功能脆弱性的影响机制。首先提取土地系统的拓扑结构，并根据1990～2015年武汉市土地利用数据建立有向有权网络（与第五章相同，不再赘述）；其次构建级联模型，探讨不同城市化水平对级联故障传播过程中土地系统生态功能脆弱性的影响。其中，采用两个指标来衡量生态功能脆弱性，即级联故障前后土地系统生态系统服务价值变化和土地系统的生态负载熵。快速城市化对生态功能脆弱性影响的评估建模过程见图6-3。

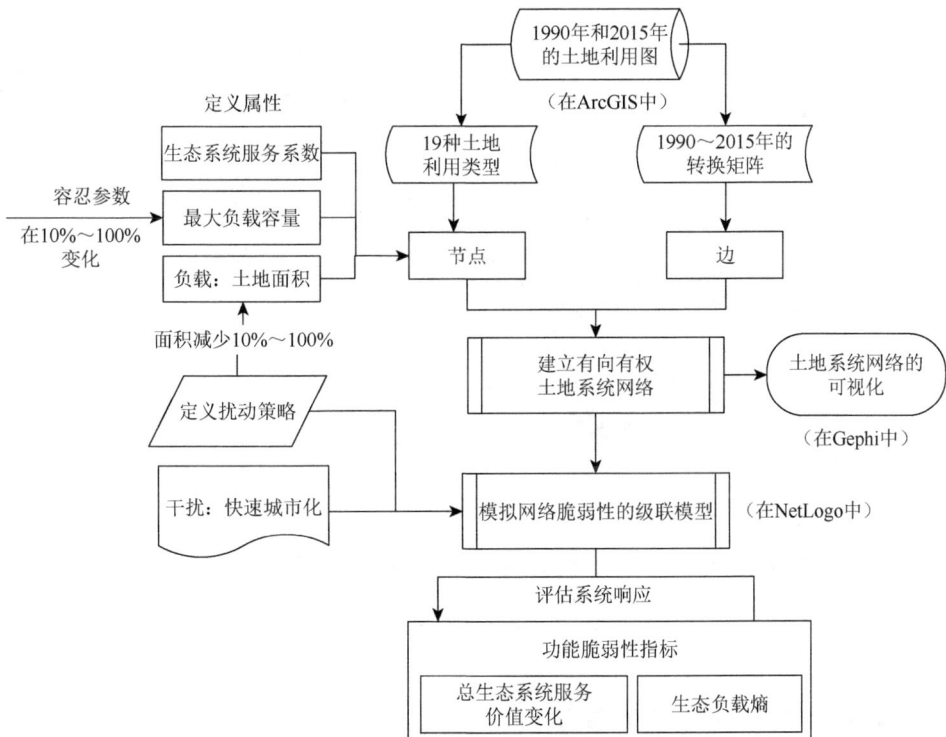

图6-3　土地系统生态功能脆弱性评估流程图

一、土地系统复杂网络构建

对土地系统而言，将土地利用类型视为节点，土地利用类型之间的面积转化代表连接。由于土地系统的变化同时具有方向性（例如，从土地利用类型 i 到土地利用类型 j）和权重（如变化量），因此土地系统可以被视为有向有权网络。这部分内容与第五章相同。根据表 5-2 所示的土地系统转移矩阵，可得到 1990～2015 年武汉市土地利用变化的土地系统网络拓扑结构（图6-4），图中连接的宽度与权重成比例，而箭头方向表示研究期间不同土地利用类型之间土地利用变化的方向。

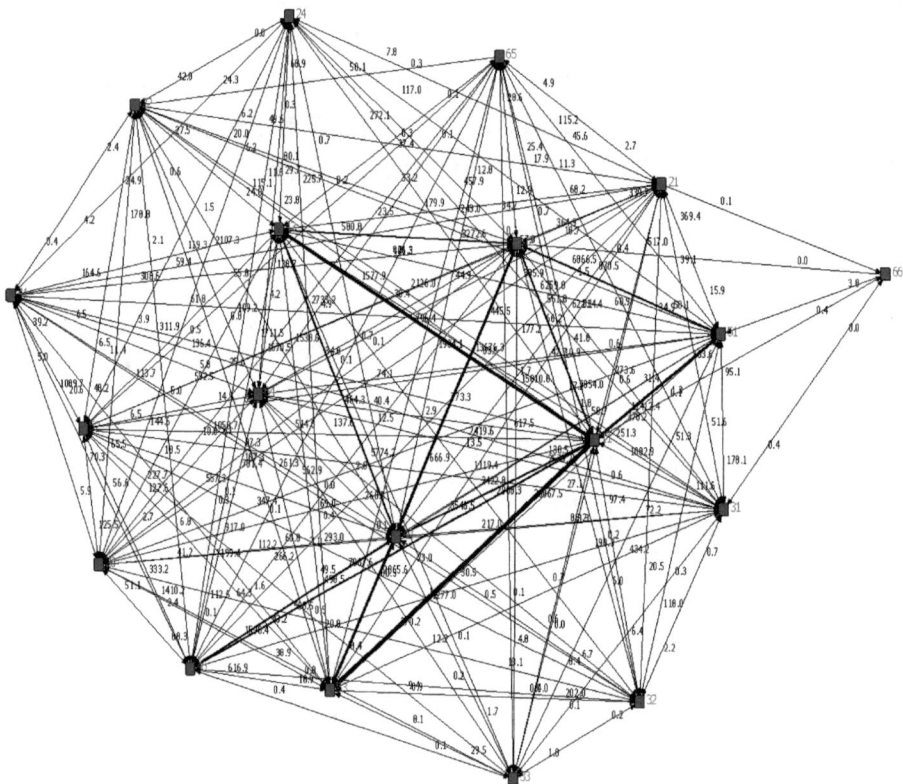

图6-4　1990～2015 年武汉市不同土地利用类型转换的土地系统网络拓扑结构图

拓扑结构上的边表示研究期间一种土地利用类型向另一种土地利用类型转换的面积（hm²）。每一种土地利用类型用代码表示

二、土地系统网络的级联模型

一般来说，如果系统网络中的节点受到扰动，则其功能（如商品和服务供应

或信息传输）将会失去效力。复杂系统中的节点是关联交互的，因此一个节点的功能失调会引起其他节点发生一系列故障，从而威胁到整个系统的稳定性（Gou et al.，2016），这种现象就是级联故障，通常会导致电网（Cadini et al.，2017）、集群供应链系统（Zeng and Xiao，2014）等的巨大损失。在本节中，我们建立一个级联模型，分析当不同节点受到不同程度的破坏时，在不同城市化情景下土地系统网络的级联故障如何扩散，并探讨该故障是如何影响土地系统生态功能的。该级联模型涉及两个重要内容：一是负载定义；二是扰动策略及负载分配规则。

1. 负载定义

本部分内容与第五章第三节"节点负载与负载能力"部分类似，每个节点的负载能力用土地资源存量表示，即土地利用面积。最大负载能力是每种土地利用类型的土地利用面积上限。实际生活中，不同土地利用类型的上限值通常由土地利用规划、城市规划、自然资源保护规划或其他计划来确定（Wang et al.，2018b）。为了保持景观多样性以及不同子系统提供的重要服务，有必要对不同土地利用类型的负载设置最高值和最低值，以保证每种土地利用类型在级联模型中不会无限增长或最终消失。简化起见，可利用每个节点的初始负载 $B_{p,v}(0)$ 和容忍参数 α 来定义最大负载能力 A_v（Li and Xiao，2017），具体见式（5-2）。

2. 扰动策略及负载分配规则

扰动策略通常用于研究面对外部扰动后复杂系统的弹性或脆弱性（Chopra and Khanna，2014）。通常情况下，系统始终会面临两种类型的扰动或攻击，即随机攻击和蓄意攻击（Nie et al.，2014），后者指的是扰动源有目的的行为导致扰动的发生。本章中仅考虑蓄意攻击，因为快速城市化对土地系统的扰动具有方向性，例如，城市化主要导致生态用地向建设土地的转化。

为了辨识出对土地系统网络稳定性产生影响的重要节点，我们采取逐一攻击19 个节点的策略。由于不同节点之间是相互关联的，受攻击的节点减少的负载（即土地利用面积）将分配给与该节点相邻的其他节点。负载在其相邻节点上的重新分配规则是基于转移矩阵（表 5-2）中列出的每个相邻节点的原始面积份额。为了简化模型，我们假设某个节点受到攻击后，没有其他土地利用类型流入该节点。级联效应传播过程将重复，直到每个节点的更新负载达到最大负载能力或当容忍参数（α）较小时所有节点由于过载而完全受损。

总之，我们将通过以 10%的速度减少每种土地利用类型的面积（从 10%到100%）来设计一系列扰动方案，模拟不同城市化水平对生态系统服务的影响。特别需要说明的是，NetLogo 6.0.2 软件用于级联建模过程的实现，采用 NetLogo 的Behavior Space 工具对系统中的重要参数，如扰动率和容忍参数进行模拟实验。

三、研究数据

本章采用的数据与第五章一致，采用武汉市 1990～2015 年的土地利用数据。根据武汉市的实际情况，将武汉市土地系统划分为 6 个大的类别，进一步划分为 19 个亚类。本章由于要探讨土地系统的生态功能脆弱性，这里重点介绍生态系统服务。不同土地利用类型的生态系统服务是根据谢高地等（2015）在 700 名中国生态学家调查的基础上建立的"单位面积生态系统服务价值当量表"来确定的。本书中，根据 Costanza 等（1997）或谢高地等（2015；2003）的研究结果，三种建设用地（土地利用类型代码分别为：51、52 和 53）单位面积生态系统服务价值当量设定为 0。19 种土地利用类型中 12 种（土地利用类型代码分别为：11、12、21、22、31、41、42、43、46、64、65 和 66）生态系统服务价值系数直接参考谢高地等（2015）的"单位面积生态系统服务价值当量表"。对上述未提及的其他 4 种土地利用类型（土地利用类型代码分别为：23、24、32 和 33）的系数分别进行设定，将疏林地（23）、其他林地（24）的系数分别设置为有林地（21）的 1/2 和 1/5，将中覆盖度草地（32）和低覆盖度草地（33）的系数分别设置为高覆盖度草地（31）的 1/2 和 1/5。由此，建立了武汉市不同土地利用类型的"单位面积生态系统服务价值系数表"（表 6-1），用来表示 19 种土地利用类型中每种土地利用类型的单位面积生态系统服务价值。我们具体考虑了 11 种生态系统服务，具体包括食物生产、原料生产、水资源供给、气体调节、气候调节、废物处理、水文调节、土壤保持、维持养分循环、维持生物多样性和景观文化。

表 6-1　武汉市每种土地利用类型的单位面积生态系统服务价值系数

土地利用类型（代码）		食物生产	原料生产	水资源供给	气体调节	气候调节	废物处理	水文调节	土壤保持	维持养分循环	维持生物多样性	景观文化	总计
生态用地	水田（11）	1.36	0.09	−2.63	1.11	0.57	0.17	2.72	0.01	0.19	0.21	0.09	3.89
	旱地（12）	0.85	0.40	0.02	0.67	0.36	0.10	0.27	1.03	0.12	0.13	0.06	4.01
	有林地（21）	0.31	0.71	0.37	2.35	7.03	1.99	3.51	2.86	0.22	2.60	1.14	23.09
	灌木林（22）	0.19	0.43	0.22	1.41	4.23	1.28	3.35	1.72	0.13	1.57	0.69	15.22
	疏林地（23）	0.16	0.36	0.19	1.18	3.52	1.00	1.76	1.43	0.11	1.30	0.57	11.58
	其他林地（24）	0.06	0.14	0.07	0.47	1.41	0.40	0.70	0.57	0.04	0.52	0.23	4.61
	高覆盖度草地（31）	0.38	0.56	0.31	1.97	5.21	1.72	3.82	2.40	0.18	2.18	0.96	19.69
	中覆盖度草地（32）	0.19	0.28	0.16	0.99	2.61	0.86	1.91	1.20	0.09	1.09	0.48	9.86
	低覆盖度草地（33）	0.08	0.11	0.06	0.39	1.04	0.34	0.76	0.48	0.04	0.44	0.19	3.93

续表

土地利用类型（代码）		食物生产	原料生产	水资源供给	气体调节	气候调节	废物处理	水文调节	土壤保持	维持养分循环	维持生物多样性	景观文化	总计
生态用地	河渠（41）	0.80	0.23	8.29	0.77	2.29	5.55	102.24	0.93	0.07	2.55	1.89	125.61
	湖泊（42）	0.80	0.23	8.29	0.77	2.29	5.55	102.24	0.93	0.07	2.55	1.89	125.61
	水库坑塘（43）	0.80	0.23	8.29	0.77	2.29	5.55	102.24	0.93	0.07	2.55	1.89	125.61
	滩地（46）	0.00	0.00	0.00	0.02	0.00	0.01	0.03	0.03	0.00	0.02	0.01	0.12
	沼泽地（64）	0.51	0.50	2.59	1.90	3.60	3.60	24.23	2.31	0.18	7.87	4.73	52.02
	裸土地（65）	0.00	0.00	0.00	0.00	0.00	0.10	0.03	0.02	0.00	0.00	0.01	0.20
	裸岩石质地（66）	0.00	0.00	0.00	0.02	0.00	0.10	0.03	0.02	0.00	0.00	0.01	0.20
建设用地	城镇用地（51）	0.00	0.00	0.00	0.00	0.00	0.00	0.00	0.00	0.00	0.00	0.00	0.00
	农村居民点（52）	0.00	0.00	0.00	0.00	0.00	0.00	0.00	0.00	0.00	0.00	0.00	0.00
	其他建设用地（53）	0.00	0.00	0.00	0.00	0.00	0.00	0.00	0.00	0.00	0.00	0.00	0.00

确定武汉市单位耕地的粮食产量估算值的方法与第四章相同，由此进一步确定武汉市每种土地利用类型单位面积提供的生态系统服务价值，与土地利用类型面积相乘，进而得到研究区域总的生态系统服务价值。

第三节　土地系统生态功能脆弱性度量指标

本节引入两个指标来衡量土地系统的生态功能脆弱性：一是生态系统服务价值变化；二是生态负载熵。土地系统总的生态系统服务价值能反映土地系统整体的生态功能，但在土地系统各子系统之间的分配差异难以体现。许多研究发现，子系统负载分布的异质性使系统极易受级联故障的影响（Crucitti et al.，2004b；Bao et al.，2008）。因此，采用生态系统服务价值变化与生态负载熵来共同度量土地系统的生态功能脆弱性。

一、攻击前后生态系统服务价值变化

生态系统服务价值常广泛用于特定环境产品或服务的价值评估（Costanza et al.，2014；Sutton et al.，2016；Hynes et al.，2018）。因此，生态系统服务价值可用于度量城市化扰动下土地系统提供生态产品或服务的潜力。具体来说，级联失效前

后土地系统生态系统服务价值的变化是衡量土地系统生态功能脆弱性的直接指标和重要指标。生态系统服务价值变化 (ΔESV) 基于以下公式计算：

$$\Delta \text{ESV} = \sum_{i=1}^{19} \text{Esv}_i \cdot x_{i,t_1} - \sum_{i=1}^{19} \text{Esv}_i \cdot x_{i,t_0} \tag{6-1}$$

其中，Esv_i 是第 i 种土地利用类型的单位面积提供的生态系统服务价值系数（即单位面积生态系统服务价值系数），表 6-1 的最后一列列出了每种土地利用类型的总单位面积生态系统服务价值系数，这可以通过将每种土地利用类型提供的所有生态系统服务价值的"等效值系数"（即表 6-1 每一行中的值）相加得出；x_{i,t_0} 和 x_{i,t_1} 分别是级联故障前后的 i 类土地利用类型的面积。

特别需要说明的是，我们计算了土地利用类型转换过程中不同土地利用类型单位面积生态系统服务价值系数变化值（表 6-2），用于计算研究区土地系统的生态系统服务流。

二、土地系统生态负载熵

负载熵被广泛应用于对网络异构性的评估（Bao et al.，2008；Zeng and Xiao，2014）。熵最初是一个热力学概念，用于衡量系统能量分布的均匀性。通常，具有较高负载熵的系统异质性较低，并且更具有鲁棒性，更不容易受到扰动。因此，我们提出了生态负载熵概念作为生态系统服务价值变化指标的补充，用来刻画土地系统网络在生态负载分布中的异质性，研究级联失效传播过程中生态负载熵的动态演化规律，用于评估土地系统的生态功能脆弱性。此外，提供较高生态系统服务价值的土地利用类型在维护土地系统正常运转和稳定性方面更为重要。此处生态负载熵（E）可以定义为

$$E = -\sum_{i=1}^{N} I_i \cdot \ln I_i \tag{6-2}$$

其中，I_i 是节点重要性，公式为

$$I_i = \frac{L_i}{\sum_{j=1}^{N} L_j} = \frac{\text{Esv}_i \cdot x_i}{\sum_{j=1}^{N} \text{Esv}_i \cdot x_j} \tag{6-3}$$

其中，N 是系统网络中的节点数（$N = 19$）；L_i 是节点 i 的生态负荷；x_i 是第 i 种土地利用类型的面积；Esv_i 是第 i 种土地利用类型的单位面积提供的生态系统服务价值系数（表 6-1）。

表6-2　武汉市土地利用类型转换过程中单位生态系统服务价值系数变化

土地利用类型转换		11	12	21	22	23	24	31	32	33	41	42	43	46	64	65	66	51	52	53
		生态流																非生态流		
生态用地	11	0.00	0.12	19.20	11.33	7.66	0.73	15.80	5.96	0.05	121.72	121.72	121.72	-3.69	48.13	-3.69	-3.69	-3.89	-3.89	-3.89
	12	-0.12	0.00	19.08	11.21	7.54	0.61	15.68	5.84	-0.07	121.60	121.60	121.60	-3.81	48.01	-3.81	3.81	-4.01	-4.01	-4.01
	21	-19.20	-19.08	0.00	-7.87	-11.54	-18.47	-3.40	-13.24	19.15	102.52	102.52	102.52	-22.89	28.93	-22.89	-22.89	-23.09	-23.09	-23.09
	22	-11.33	-11.21	7.87	0.00	-3.67	-10.60	4.47	-5.37	-11.28	110.39	110.39	110.39	-15.02	36.80	-15.02	-15.02	-15.22	-15.22	-15.22
	23	-7.66	-7.54	11.54	3.67	0.00	-6.93	8.14	-1.70	-7.61	114.06	114.06	114.06	-11.35	40.47	-11.35	-11.35	-11.55	-11.55	-11.55
	24	-0.73	-0.61	18.47	10.60	6.93	0.00	15.07	5.23	-0.68	120.99	120.99	120.99	-4.42	47.40	-4.42	-4.42	-4.62	-4.62	-4.62
	31	-15.80	-15.68	3.40	-4.47	-8.14	-15.07	0.00	-9.84	-15.75	105.92	105.92	105.92	-19.49	32.33	-19.49	-19.49	-19.69	-19.69	-19.69
	32	-5.96	-5.84	13.24	5.37	1.70	-5.23	9.84	0.00	-5.91	115.76	115.76	115.76	-9.65	42.17	-9.65	-9.65	-9.85	-9.85	-9.85
	33	-0.05	0.07	19.15	11.28	7.61	0.68	15.75	5.91	0.00	121.67	121.67	121.67	-3.74	48.08	-3.74	-3.74	-3.94	-3.94	-3.94
	41	-121.72	-121.60	-102.52	-110.39	-114.06	-120.99	-105.92	-115.6	-121.6	0.00	0.00	0.00	-125.41	-73.59	-125.41	-125.41	-125.61	-125.61	-125.61
	42	-121.72	-121.60	-102.52	-110.39	-114.06	-120.99	-105.92	-115.6	-121.6	0.00	0.00	0.00	-125.41	-73.59	-125.41	-125.41	-125.61	-125.61	-125.61
	43	-121.72	-121.60	-102.52	-110.39	-114.06	-120.99	-105.92	-115.6	-121.6	0.00	0.00	0.00	-125.41	-73.59	-125.41	-125.41	-125.61	-125.61	-125.61
	46	-3.69	-3.81	-22.89	-15.02	-11.35	-4.42	-19.49	-9.65	-3.74	125.41	125.41	125.41	0.00	51.82	0.00	0.00	-0.20	-0.20	-0.20
	64	48.13	48.01	28.93	36.80	40.47	47.40	32.33	42.17	48.08	73.59	73.59	73.59	51.82	0.00	-51.82	-51.82	52.02	52.02	52.02
	65	-3.69	-3.81	-22.89	-15.02	-11.35	-4.42	-19.49	-9.65	-3.74	125.41	125.41	125.41	0.00	0.01	0.00	0.00	-0.20	-0.20	-0.20
	66	-3.69	3.81	-22.89	-15.02	-11.35	-4.42	-19.49	-9.65	-3.74	125.41	125.41	125.41	0.00	0.00	0.00	0.00	-0.20	-0.20	-0.20
建设用地	51	3.89	4.01	23.09	15.22	11.55	4.62	19.69	9.85	3.94	125.61	125.61	125.61	0.20	52.02	0.20	0.20	0.00	0.00	0.00
	52	3.89	4.01	23.09	15.22	11.55	4.62	19.69	9.85	3.94	125.61	125.61	125.61	0.20	52.02	0.20	0.20	0.00	0.00	0.00
	53	3.89	4.01	23.09	15.22	11.55	4.62	19.69	9.85	3.94	125.61	125.61	125.61	0.20	52.02	0.20	0.20	0.00	0.00	0.00

第四节　不同城市化发展模式和不同管理策略
对土地系统生态功能脆弱性的影响

一、1990～2015 年武汉市生态系统服务的存量和流量分析

根据本章第一节建立的存量与流量视角下城市化过程引发生态功能退化的分析框架，整合武汉市的相关数据，实证分析了生态系统服务存量和流量随时间的变化情况，以及它们对武汉市土地系统生态功能的影响。表 6-3 显示了 1990 年和 2015 年武汉市土地系统的生态系统服务存量。1990～2015 年，武汉市土地系统生态系统服务总存量增加了 16 144 万元，与 1990 年的 6 582 701 万元总存量相比微不足道。这说明，即使快速城市化进程消耗了大量的生态用地，但武汉市土地系统的生态功能也相当稳定。水库坑塘生态系统服务存量的大幅增加在很大程度上促进了生态系统服务总量的增加，平衡了湖泊、水田、旱地和沼泽地生态系统服务存量急剧下降的负面影响。

表 6-3　1990～2015 年土地系统生态系统服务存量的变化趋势　（单位：百万元）

土地利用类型（代码）	生态系统服务存量		
	1990 年	2015 年	1990～2015 年的变化
水田（11）	3 709.51	3 134.73	−574.78
旱地（12）	2 149.41	1 835.94	−313.47
有林地（21）	2 134.17	1 969.50	−164.67
灌木林（22）	261.58	257.28	−4.3
疏林地（23）	1 310.76	1 258.88	−51.88
其他林地（24）	19.01	20.98	1.97
高覆盖度草地（31）	337.27	387.37	50.10
中覆盖度草地（32）	25.03	22.36	−2.67
低覆盖度草地（33）	1.76	1.09	−0.67
河渠（41）	9 060.11	9 837.31	777.20
湖泊（42）	34 054.74	28 794.78	−5 259.96
水库坑塘（43）	11 690.04	17 682.19	5 992.15

续表

土地利用类型（代码）	生态系统服务存量		
	1990 年	2015 年	1990～2015 年的变化
滩地（46）	5.35	11.29	5.94
沼泽地（64）	1 067.68	774.41	−293.27
裸土地（65）	0.58	0.34	−0.24
裸岩石质地（66）	0.01	0.00	−0.01
城镇用地（51）	0.00	0.00	0.00
农村居民点（52）	0.00	0.00	0.00
其他建设用地（53）	0.00	0.00	0.00
总计	65 827.01	65 988.45	161.44

根据土地利用类型转移矩阵（表 5-2）和单位面积生态系统服务价值系数变化（表 6-2），我们计算了 1990～2015 年土地系统生态系统服务流，见表 6-4。借用土地系统网络拓扑结构图 6-4 中不同土地利用类型之间的关系，将边上的不同土地利用类型转化的面积值换成生态系统服务价值变化，得到图 6-5。根据表 6-4 和图 6-5，可进一步研究生态系统服务存量是如何受到土地资源流影响的。由于水体的三种亚型，即河渠、湖泊和水库坑塘，提供了最高的单位面积生态系统服务价值系数（表 6-1），从水体向其他土地利用类型的转换引发了非生态流和退化生态流的发生，导致生态系统服务总流量的巨大损失（见表 6-4 的最后一列）。例如，1990～2015 年，湖泊（42）向其他土地利用类型转出的生态系统服务流造成的生态系统服务价值损失最大，为 605 691 万元。这种生态系统服务损失是由土地的非生态流（从湖泊到城镇用地和其他建设用地）和退化生态流（从湖泊到滩地和水田）造成的。从水库坑塘（43）到城市建设用地和耕地的转换导致生态系统服务总流量减少了 163 210 万元。

相反，在土地系统中，水田向其他土地利用类型转出对生态系统服务总价值增长的贡献最大（623 701 万元）。这可能是因为 1990～2015 年（增长率为 4.62%）水田向水库坑塘用地的转变较多（表 5-2）。另一个原因可能是，越来越多的农民将水田的利用方式从传统的水稻种植改为水稻-虾或水稻-鱼养殖，有些农民甚至将稻田改为虾塘或鱼塘，以增加淡水水产品的收入。水库坑塘单位面积提供的生态系统服务价值是水田的 32 倍（表 6-1），因此从水田到水库坑塘的流量触发了生态流量的增加，这大大增加了土地生态系统服务的供应，降低了土地系统的生态功能脆弱性。

表 6-4　武汉市 1990～2015 年土地利用类型转换过程中生态系统服务流变化

（单位：百万元）

土地利用类型转换		生态流																非生态流			总流量
		11	12	21	22	23	24	31	32	33	41	42	43	46	64	65	66	51	52	53	
	11	0.00	1.96	14.64	2.64	23.90	0.36	47.69	1.62	0.00	262.34	875.01	5363.92	-30.73	82.84	-0.43	0.00	-123.74	-26.23	-258.78	6237.01
	12	-2.09	0.00	19.41	5.62	16.74	0.78	27.14	0.70	0.00	136.02	150.98	1109.16	-21.07	6.01	-0.14	0.00	-76.74	-23.76	-152.86	1195.90
	21	-27.67	-18.06	0.00	-0.39	-12.41	-2.35	-0.37	-1.29	0.00	9.77	248.73	19.48	-35.84	1.51	-0.17	-0.01	-23.77	-3.67	-58.85	94.64
	22	-3.63	-0.62	1.09	0.00	-1.83	-1.26	0.30	0.00	0.00	0.75	0.45	8.48	-0.09	0.07	0.00	0.00	-3.40	-1.06	-5.06	-5.81
	23	-19.58	-11.71	25.13	0.67	0.00	-2.79	2.55	-0.30	0.00	1.88	13.10	72.39	-1.62	0.31	-0.34	0.00	-11.18	-4.04	-45.40	19.07
	24	-0.55	-0.10	0.40	0.00	0.12	0.00	0.01	0.00	-0.01	8.20	0.23	23.22	-0.14	0.04	0.00	0.00	-1.51	-0.08	-2.91	26.93
生态用地	31	-4.92	-2.24	0.49	-0.02	-2.00	-0.02	0.00	-0.02	0.00	38.53	21.30	74.19	-10.77	0.06	-0.07	-0.02	-9.78	-1.49	-23.83	79.38
	32	-0.11	-0.10	0.76	0.00	0.06	0.00	0.06	0.00	0.00	0.17	2.17	0.24	0.00	0.07	-0.01	0.00	-3.24	0.00	-5.55	-5.48
	33	0.00	0.00	0.00	0.00	0.17	0.00	0.01	0.02	0.00	0.00	0.56	0.03	0.00	0.02	0.00	0.00	-0.09	-0.10	-0.32	0.30
	41	-105.82	-103.92	-16.97	-0.13	-1.57	-1.41	-40.28	-1.6	0.00	0.00	0.00	0.00	-380.89	-1.33	0.00	0.00	-21.64	-13.71	-16.88	-706.15
	42	-1203.19	-226.03	-3.85	-42.32	-93.14	-13.61	-64.06	-9.84	-0.35	0.00	0.00	0.00	-2470.44	-53.44	-1.01	0.00	-848.22	-24.15	-1003.26	-6056.91
	43	-535.31	-196.83	-6.71	-7.39	-34.73	-10.03	-11.32	-0.04	-0.03	0.00	0.00	0.00	-598.25	-28.45	-0.06	0.00	-341.79	-19.52	-538.65	-2329.11
	46	5.85	2.83	0.13	0.28	2.79	0.00	1.13	0.00	0.00	116.47	558.72	419.25	0.00	16.26	0.00	0.00	-0.28	0.00	-0.34	1123.09
	64	-62.28	-4.65	-0.06	-0.09	-0.24	-0.55	-1.13	-0.24	0.00	1.20	105.55	342.64	-24.16	0.00	-0.71	0.00	-10.75	-2.16	-37.88	304.49
	65	0.26	0.30	0.31	0.01	1.05	0.00	0.61	0.02	0.00	0.00	4.47	0.04	0.00	0.01	0.00	0.00	-0.06	-0.02	-0.14	6.86
	66	0.00	0.00	0.00	0.00	0.00	0.00	0.00	0.00	0.00	0.00	0.00	0.00	0.00	0.00	0.00	0.00	0.00	0.00	0.00	0.00
	51	1.77	0.65	1.02	0.06	0.55	0.01	5.22	0.00	0.00	23.16	10.98	21.33	0.03	0.09	0.00	0.00	0.00	0.00	0.00	64.87
建设用地	52	11.48	6.62	1.65	0.28	2.26	0.05	4.79	0.00	0.00	7.22	6.46	39.82	0.03	0.94	0.00	0.00	0.00	0.00	0.00	81.60
	53	2.93	0.90	1.48	2.58	1.25	0.01	0.67	0.02	0.00	0.57	2.94	17.32	0.01	0.07	0.00	0.00	0.00	0.00	0.00	30.75
	总流量	-1942.86	-551	38.92	-38.20	-97.03	-30.81	-26.98	-10.95	-0.39	606.28	2001.65	7511.51	-3573.93	25.08	-2.94	-0.03	-1476.19	-119.99	-2150.71	161.43

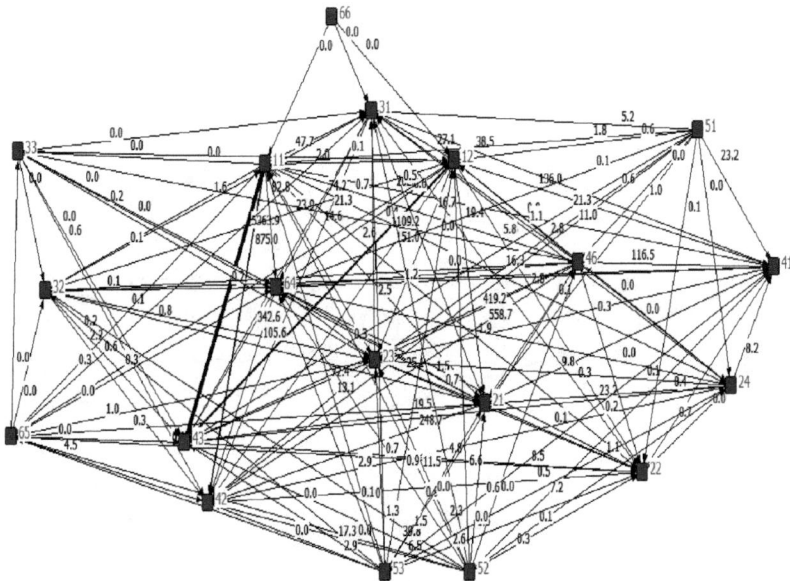

图 6-5　1990～2015 年武汉市土地利用变化导致的生态系统服务流

网络中，边的值表示研究期间土地利用变化引发的生态系统服务价值变化（单位：百万元）；
每种土地利用类型用代码表示

二、不同城市化发展模式对土地系统生态功能脆弱性的影响

图 6-6 显示了当每种土地利用类型的存量（即土地利用面积）从 10%～100%
逐渐减少（以 10%的速度递减）时，土地系统的生态系统服务价值的变化趋势。
水田用地面积的缩减导致生态系统服务价值增幅最大，因为水田向水库坑塘转化
触发增强生态流的产生，这弥补甚至超过了非生态用地流向建设用地而造成的较
小的负面影响。同样，旱地面积的减少也会导致生态系统服务价值大幅增加，主
要在于从旱地向水田或水库坑塘的转化导致生态流量增加，这是因为这两种土地
利用类型都提供了比旱地更高的生态系统服务价值。这些转换增强了土地系统的
生态功能，并降低了土地系统的生态功能脆弱性。此外，生态系统服务价值变化
与不同地类（如滩地、城镇用地，以及其他建设用地）面积缩减之间的关系也显
示出上升趋势，尽管趋势并不那么明显。由于水位波动，一些滩地被水覆盖，导
致生态系统服务价值增加。对于城镇用地和其他建设用地，减少的存量主要流向
了水田或旱地，这触发了生态流量的产生且增加了土地系统提供的生态产品和服
务。这种变化可归因于中国所实施的"耕地占补平衡"政策，该政策旨在控制耕
地转化并补充由城市扩张造成的耕地流失（Shen et al.，2017）。

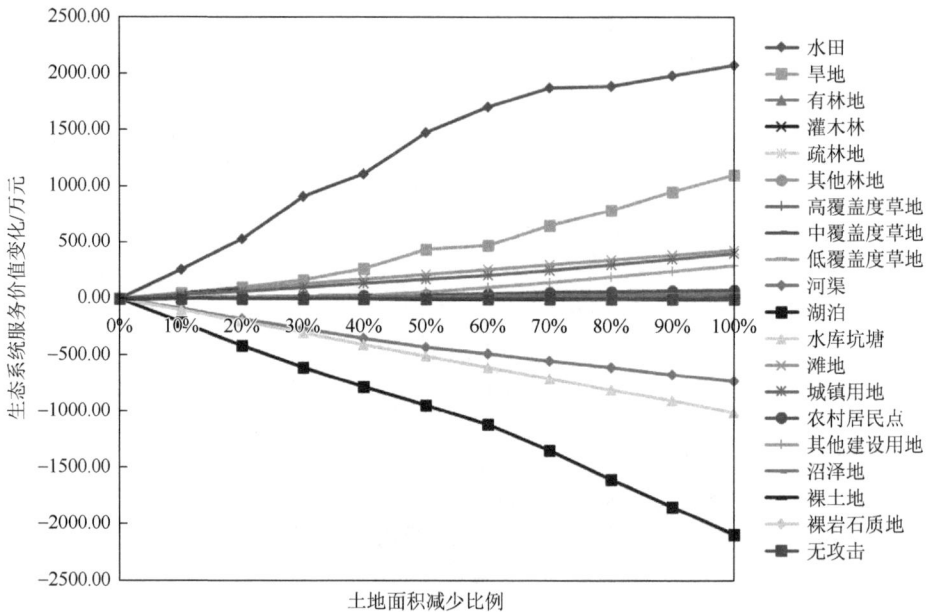

图 6-6　不同土地利用类型面积减少与生态系统服务价值的变化关系（容忍参数设置为 30%）

　　相反，湖泊、水库坑塘和河渠面积减少会触发非生态流或退化生态流，这不仅会导致生态系统服务价值的下降，而且会导致生态功能脆弱性的增加。在不同城市化情景下，水体面积减少幅度越大，生态系统服务价值损失就越多。1990～2015 年，在研究区特别是武汉市中心城区的土地利用变化中，水体向城镇用地和其他建设用地转化起着主导作用。城市中许多湖泊面积已经缩小，例如，武汉市东湖、沙湖和南湖的部分区域在快速城市化过程中被建筑物取代。同时，随着时间的迁移，一些水库坑塘也消失了（Ke et al.，2018）。

　　此外，其他土地利用类型面积变化导致土地系统生态系统服务价值变化不敏感。特别值得一提的是，水田面积减少到 70% 以后，生态系统服务价值上升趋势开始减慢，然而湖泊面积在减少到 60% 之后，生态系统服务价值下降趋势开始加速。这表明土地系统对不同城市化情景的响应是非线性的，这也是复杂系统的重要特征。

　　图 6-7 显示了当每种土地利用类型面积从 10%～100% 逐渐减少时，土地系统在级联失效传播过程中生态负载熵的变化。结果表明，水田是该土地系统复杂网络中最重要的节点。这是因为当水田面积以相对较小的比例（即 20%）减少时，生态负载熵就会急剧下降，这意味着水田面积减少可能触发级联失效的广泛传播。这与第五章的研究结果一致（Wang et al.，2018a），即当水田面积减少时，武汉市土地系统具有较高的结构脆弱性，这是因为水田具有更高的综合节点中心度

（INC），在维持土地系统结构稳定性方面起着更重要的作用。湖泊面积减少 60%以后对生态负载熵的影响变得更加明显，然而旱地面积减少 70%以后才表现出对生态负载熵的影响。有趣的是，尽管一些减少的水田用地可能转变为水体并促使生态系统服务价值的增加，但这可能导致生态负载熵的降低，这意味着土地系统网络存在较大的异质性和更高的脆弱性。因此，保护耕地面积并控制其流失是至关重要的。具体而言，可将水田的临界点设置为 20%。一旦超过阈值，土地系统将变得高度脆弱。同样相似地，将湖泊和旱地的临界点分别设置为60%和 70%。

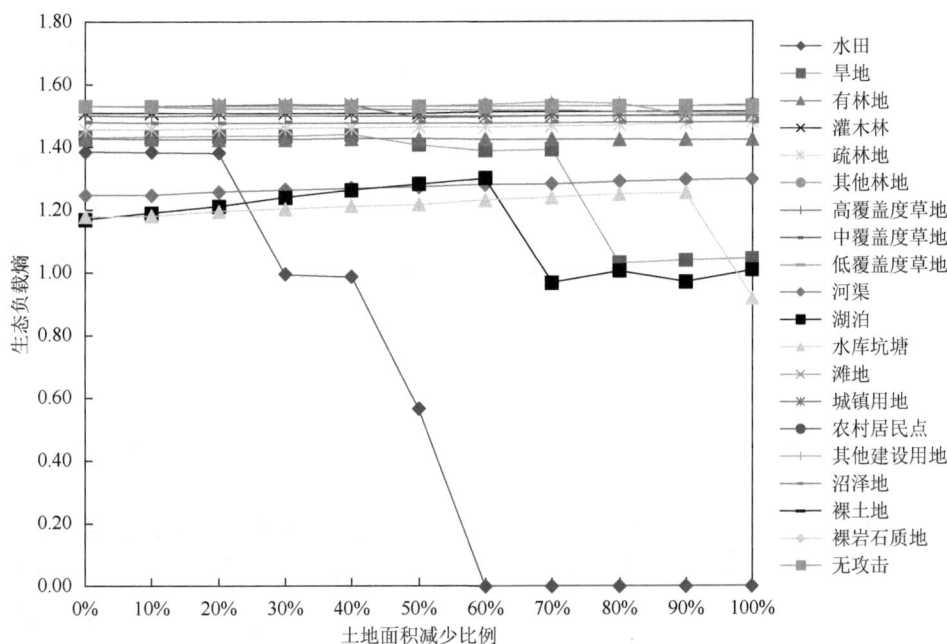

图 6-7　不同土地利用类型面积减少与生态负载熵的变化关系（容忍参数设置为 30%）

三、不同管理策略对土地系统生态功能脆弱性的影响

图 6-8 显示了容忍参数（α）取不同值的条件下，土地系统网络在级联失效传播期间生态系统服务价值的变化趋势。具体来说，α 描述的是土地系统网络防御级联失效的能力，并确定了土地系统免受外部扰动的成本。蓄意攻击水田、旱地、滩地、城镇用地和其他建设用地会引起生态系统服务价值的增长，然而蓄意攻击湖泊、水库坑塘会导致生态系统服务价值的损失。攻击其

他节点生态系统服务价值变化幅度较小。值得一提的是，当水田受到攻击时，土地系统的生态系统服务价值在 α 达到 20%之前迅速增加，此后逐渐进入稳定水平。当 α 大于 10%时，土地系统的生态系统服务价值对其他土地利用类型面积变化不敏感。

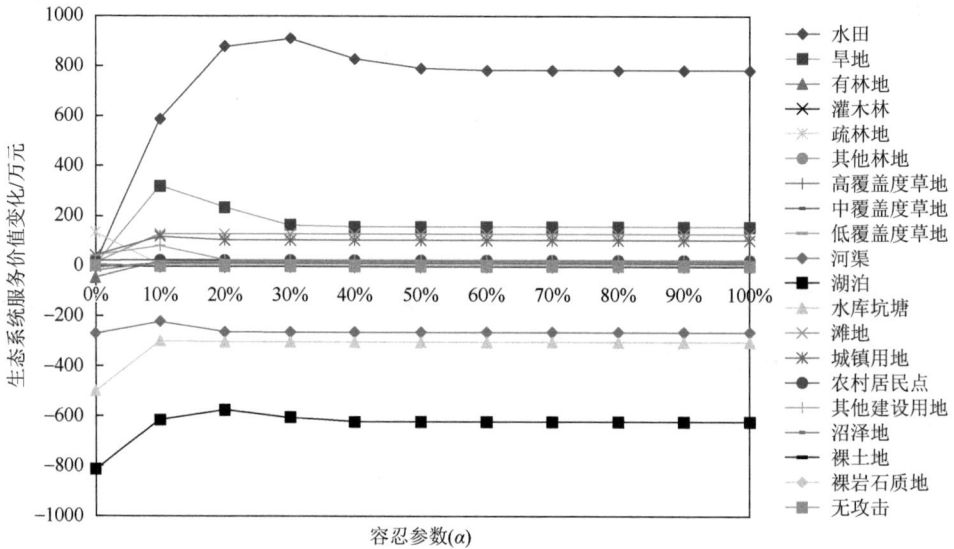

图 6-8　生态系统服务价值随不同容忍参数的变化趋势（蓄意攻击面积减少比例设置为 30%）

　　图 6-9 显示了当容忍参数 α 从 10%变为 100%时，土地系统网络在级联失效传播过程中生态负载熵的变化趋势。我们发现，对所有土地利用类型而言，生态负载熵都与 α 值呈正相关关系。也就是，α 值越大（即成本越高），生态负载熵值越大，这表明土地系统的异质性较低，土地系统更坚固。因此在快速城市化背景下该系统的脆弱性也较小。总之，当 α 值较小时，生态负载熵会急剧增加，这表明级联越大，生态负载熵增长越快。这与 Zeng 和 Xiao（2014）在集群供应链网络中的发现相一致。特别是当 α<20%时，水田的生态负载熵先是急剧增加，然后增长速度放慢，最后在 α=50%后逐渐进入稳定状态。当 α 取值大于 20%时，旱地和湖泊的生态负载熵达到稳定状态；然而，其他土地利用类型的生态负载熵变化趋势在 α=10%后基本保持不变。简言之，水田、旱地和湖泊以及其他土地利用类型的生态负载熵在 α=50%、20%和 10%时达到峰值。因此，我们可以得出结论，当土地系统生态功能退化时，水田的恢复和管理成本最大，其次是旱地和湖泊，而其他土地利用类型的成本最低。

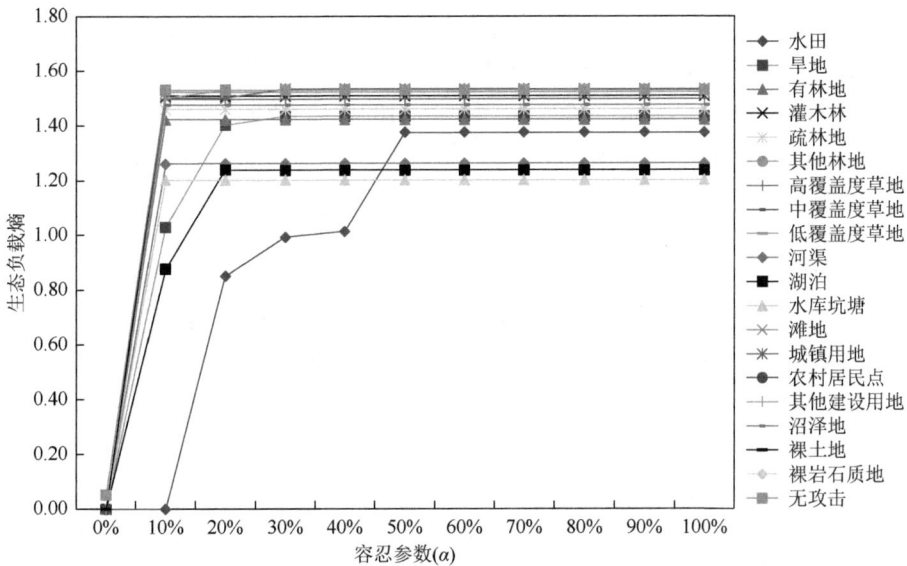

图 6-9　不同容忍参数下的生态负载熵变化趋势（蓄意攻击面积减少比例设置为30%）

第五节　讨　　论

城市化是地球表面最显著的变化之一（d'Amour et al., 2017；Acuto et al., 2018；Liu et al., 2019）。城市化进程常伴随城市人口增长和建设用地扩张，这对土地系统及其关键组成部分产生了深远的影响，包括陆地气候、生物多样性、流域等表现出脆弱性（McKinney, 2002；Pumo et al., 2017；Sannigrahi et al., 2017；Hodges and McKinney, 2018）。城市化过程中生态用地的损失对自然环境和人类社会都造成了威胁，因为生态子系统为人类提供了重要具有支持和调节功能的生态系统商品和服务（Goldstein et al., 2012；Song et al., 2015）。为促进城市区域土地资源的可持续管理，有必要探讨快速城市化进程是如何影响土地系统生态功能脆弱性的。本章从定性和定量角度分析人与生态环境的关系，并运用综合方法模拟不同情景下的可能后果。

一、复杂网络分析方法在土地系统研究中的有效性

如第二章所述，学者提出了许多脆弱性分析的框架，如源-路径-受体（Holdgate，1979）、压力和风险（Blaikie et al., 1994）、暴露-敏感-适应性（Polsky et al., 2007）和压力-状态-响应（Wolfslehner and Vacik, 2008）等，大多数分析框架结合综合指标方法来评估脆弱性。然而，选择适当的指标非常具有挑战

性，因为脆弱性评估结果难以验证，且通常评估是静态的，未能考虑系统组分之间的动态反馈（Srinivasan et al.，2013）。此外，脆弱性阈值水平的确定在某种程度上是主观的（Adger et al.，2005）。其他常用的评估方法，如模糊评价、主成分分析（principal component analysis，PCA）和人工神经网络（artificial neural network，ANN），也存在着某些局限性（Tran et al.，2002；Abson et al.，2012；Zhang et al.，2017；Alizadeh et al.，2018）。

本书中，我们引入复杂网络方法来揭示快速城市化背景下土地系统生态功能脆弱性的形成机制。特别地，我们提出了一种级联失效建模方法来分析不同城市化情景下，不同土地利用类型（节点）受到不同程度破坏时，级联失效如何在土地系统中传播。与上面提出的常规方法相比，复杂网络方法具有以下优势。首先，通过提取土地系统的拓扑结构，我们可以从系统整体角度揭示土地系统变化过程中的动态结构特征，并可以评估每种土地利用类型在维持整个土地系统稳定性中的贡献。其次，它建立了扰动（即快速城市化）、土地系统网络结构和土地系统功能之间的响应关系，从而提供了一个模拟实验环境，使我们能够探讨土地系统是如何以精确的方式来响应不同的城市化情景的。最后，将复杂网络方法与存量-流量分析法结合，揭示了生态功能脆弱性的形成机制。简言之，如果增强生态流在生态系统服务流量中占主导地位，则土地系统的生态功能将得到改善，如果退化生态流或非生态流更明显，则土地系统的总生态系统服务存量将减少，因此土地系统的生态功能脆弱性更加明显。

同时，我们提出生态负载熵的概念，用其表征生态负载分布的异质性且衡量生态功能脆弱性。具体地讲，具有更高生态负载熵的土地系统具有较低的异质性，表明系统更鲁棒且更不易被扰动（如快速城市化的影响）。我们发现，当水田受到蓄意攻击时，土地系统的生态功能脆弱性增加，这是由此时生态负载熵急剧下降、土地系统结构异质性增加且鲁棒性降低造成的。级联失效模拟与生态负载熵结合为研究人为扰动下的社会-生态系统（如土地系统）变化机制提供了一种新方法。特别地，生态负载熵用于识别早期级联失效传播是有效的，并且不同土地利用类型管理成本可用于决策指导，以控制级联失效的传播并减少其负面影响，从而有助于增强土地系统的弹性。

二、可持续土地资源管理的政策建议

耕地作为土地系统中受人类影响的重要组成部分，它不仅提供人类赖以生存的食物，还提供其他的生态产品和服务，如生物多样性保护和气体调节等（Foley et al.，2005；Zimmermann et al.，2016；Sannigrahi et al.，2017；Zhang et al.，2018）。土地系统将土地利用变化和人类活动直接联系在一起，而耕地是土地系统的基础，它包含了人类社会与自然系统之间的相互作用。因此，耕地子系统在维持土地系统正常运转中起着至关重要的独特作用，耕地的变化可能以非线性的方式诱发土地系统的变化。本书中提出的级联失效模型揭示了农田维持土地系统正常运转的一些关键阈值。根据我们的研究结果，对于水田和旱地而言，重要的是将其面积减少幅度控制在20%以内，如果超过该阈值，土地系统的网络结构可能会遭受巨大破坏，其生态功能脆弱性会迅速升高。这意味着我们需要将耕地面积维持在当前面积的80%以上。这与《中华人民共和国基本农田保护条例》（1994年）和《中华人民共和国土地管理法》（2019年）的目标是一致的，该目标要求划定的永久基本农田一般应当占行政区内耕地的百分之八十以上，基本农田不得被占用为其他用途或转变为其他土地利用类型。

对于湖泊而言，其面积阈值为60%，这意味着当湖泊面积缩小幅度低于60%时，不会导致武汉市土地系统生态功能脆弱性的急剧增加。这可能是因为武汉市水资源丰富，尤其是湖泊资源非常丰富，因此土地系统对湖泊面积的减少具有相当的韧性。尽管武汉市没有遭受缺水之苦，但它却变得越来越易受洪涝灾害的侵害（Liu and Shi，2017）。持续的城市化进程导致不透水地区增加，植被覆盖量减少，这增加了城市发生洪灾的风险（Liu et al.，2014c；Liu et al.，2019）。自20世纪90年代以来，洪涝灾害的发生频率急剧增加，如1991年、1992年、1996年、1998年、1999年、2002年、2004年、2007年、2008年、2010年、2013年、2015年和2016年都发生了洪涝灾害（Liu et al.，2014c；Xiao et al.，2018）。为了增强土地系统的洪水防御能力，有必要将水文调节和减灾能力纳入长期土地利用规划中，以减少武汉市防御洪涝灾害的脆弱性。

此外，根据容忍参数与生态负载熵之间的关系，我们发现提高土地系统弹性的一种有效方法是将水田、旱地或湖泊的面积增加20%，这会导致生态负载熵的急剧增加，土地系统网络更加鲁棒，更不易受到快速城市化的影响。这些发现可为武汉市可持续土地资源管理、建设更具弹性的城市土地系统提供参考。

第六节　本　章　小　结

本章提出了一种复杂网络方法，从存量和流量视角探讨了快速城市化对不同城市化情景下土地系统生态功能脆弱性的影响。以中国中部大城市——武汉市为案例进行研究，在1990～2015年武汉市经历了快速城市化进程。研究结果表明：①土地利用变化引发的非生态流或退化生态流将会导致土地系统总生态系统服务存量的减少。然而，提供较低生态系统服务的土地利用类型向提供较高生态系统服务的土地利用类型转换会触发增强生态流，从而提高土地系统总生态系统服务存量。快速城市化常伴随着非生态流或退化生态流产生，这是导致生态功能脆弱性增大的重要原因。②1990～2015 年，尽管武汉市快速城市化导致了大量生态用地损失，但研究区土地系统总生态系统服务存量却略有增加。主要原因在于，水田向水库坑塘转化主要用于水稻-虾或水稻-鱼养殖，触发了增强生态流产生。这平衡了湖泊向建设用地或其他生态用地（具有较小生态系统服务价值的土地利用类型）转化造成的总生态系统服务存量的损失。③水田是维持土地系统正常运转功能的最重要节点。对水田的蓄意攻击将会对土地系统的结构造成最大破坏，这与土地系统生态功能脆弱性的增加最相关。④为了维持武汉市土地系统的正常运转，须保证至少 80%的耕地和 40%的湖泊面积。如果关注的土地利用类型面积小于面积阈值，土地系统恢复成本将会很高。这些结果可为城市生态系统和土地系统的管理以及平衡快速城市化和生态可持续性提供决策支持。

第七章 结论与展望

第一节 研究结论

本书在系统梳理国内外脆弱性相关研究理论和评估方法的基础上，从人地系统理论视角出发，以系统科学理论为基础，探讨快速城市化区域土地系统脆弱性的动态形成机制，提出土地系统"双层结构"脆弱性分析模型，揭示快速城市化对土地系统结构脆弱性和生态功能脆弱性的影响机制。综合本书的研究内容，主要得出以下结论。

（1）对快速城市化区域土地系统脆弱性进行研究的目的在于明确城市土地系统脆弱性的形成过程、时空分异特征以及影响机制，旨在为制定和完善城市土地生态规划与政策提供科学依据，为降低和应对城市生态系统脆弱性、实现城市可持续发展提供保障。

系统科学理论是本书的重要理论基础，系统作为最基本概念，是本书土地系统研究的逻辑起点，结构决定功能观点构成了本书的研究主线，也是本书采用的方法论——复杂网络理论建立的重要理论基础。

人地系统理论为本书研究提供了理论研究视角和出发点。土地系统作为人类社会与自然环境相互影响、相互作用形成的复杂耦合系统，具有整体性、开放性、地域性、层次性、协调性以及复杂性等特征，对城市土地系统内部结构和外部功能的研究需要人地系统理论提供理论支撑。

脆弱性理论是揭示人地关系相互作用机制的重要理论与方法，是本书的核心理论。其内涵、组成要素、评估过程以及影响机制为本书进行脆弱性形成过程、评估方法以及不同情景下演化机制的研究提供了重要的理论支撑。

复杂网络理论是本书研究快速城市化对土地系统脆弱性影响机制的方法论依据，其内在的复杂网络拓扑统计特征定量化以及网络级联效应评估方法为本书的研究提供了直接的理论指导。

城市化相关理论为本书研究土地系统在快速城市化扰动下的脆弱性演化和评估提供了理论基础，特别是城市化与生态环境耦合过程具有阶段性特征，其为土地系统脆弱性影响定量评估与时空差异分析提供了理论指导。

（2）采用 GIS 和 PLS 法相结合，探讨了武汉市土地利用/覆盖变化时空分异特征以及社会经济因素和自然因素对不同土地利用/覆盖类型的作用机制。武汉市土地利用/覆盖格局在 1990~2015 年发生了显著变化，净增加与净减少变化速度不同。研究期间，建设用地面积增加了 719.20km²，水域面积也增加了 149.55km²；耕地面积减少幅度最大，达到 810.51km²；增加的建设用地主要是为了经济发展而从耕地转换而来的。区域尺度上的自然因素和经济社会因素对土地利用/覆盖变化的影响强烈。根据偏最小二乘法获得的 VIP 值发现，社会经济因素在土地利用/覆盖变化中占主导地位；而自然因素，如气温、降水量是慢变量，在所采取的 25 年研究时间内，对土地利用/覆盖变化的影响相对较小。对于耕地、建设用地和水域而言，所选的社会经济因素对其影响的强弱是有明显差异的，最重要的影响因素也各不相同。

（3）从 SPRC 概念模型出发探讨土地系统脆弱性形成机制，提出了由粗粒度到细粒度分析的"双层结构"脆弱性分析模型；结合 IPCC 关于脆弱性的定义以及土地系统的特征，分析脆弱性与暴露、敏感、适应能力的关系，构建快速城市化区域土地系统整体脆弱性评价方法。由此探讨研究区暴露、敏感、适应能力和脆弱性的时空分异特征，以及它们之间的相互关系，从而揭示不同区域脆弱性背后的影响因素。

根据构建的暴露、敏感、适应能力以及脆弱性评价模型可知，研究区的暴露、敏感、适应能力和脆弱性呈现出时空分异规律，武汉市暴露与敏感的时空分布一致，城乡接合部作为人地系统矛盾最突出、土地利用/覆盖变化复杂和破碎化的区域，具有敏感性高、适应能力低、脆弱性高的特点，已成为重点关注的热点区域。

（4）以复杂网络理论为基础，对土地系统网络特性进行了分析，构建了有向有权土地系统网络模型，发展了一套方法论，即整合复杂网络和攻击情景来研究土地系统结构脆弱性对不同城市化发展模式和不同投入管理的响应。

武汉市在 2005~2010 年土地系统网络结构高度集聚，大部分土地利用/覆盖变化发生在较少的土地利用/覆盖类型之间。这一时期土地利用类型之间的重要转换主要是从生态用地到建设用地转换，特别是水田和旱地出度/入度值增加最快，是输出主导型土地利用类型，而其他建设用地和城镇用地是输入主导型土地利用类型，城市快速扩张消耗了大量耕地。提出综合节点中心度和节点强度来识别关键土地利用类型和重要土地利用类型转换，水田、旱地、湖泊、河渠、有林地和低覆盖度草地是以输出为主导的土地利用类型，而城镇用地和其他建设用地主要是以输入为主导的土地利用类型。

攻击具有较大的 INC 和更大负载能力的节点，如水田、旱地、湖泊，土地系统将表现得更加脆弱。当水田、旱地和湖泊面积减少超过临界点（分别为 30%、50% 和 20%）时，土地系统的网络拓扑效率下降和连通性降低。当将重要节点的面积增加 0%~50% 时，可提高土地系统的网络拓扑效率。当将土地利用/覆盖类型面积减少率设定为 30% 时，重要地类如水田、旱地和湖泊对容忍参数 α 的变化最为敏感，当容忍参数 α 从 0 增加到 0.5 时，网络拓扑效率急剧增加，α 达到 0.5 临界值时网络拓扑效率达到最大。

（5）从环境经济学存量-流量视角出发，建立了快速城市化对生态功能脆弱性影响机制的理论框架，将生态系统服务价值变化与生态负载熵结合起来评估土地系统的生态功能脆弱性，揭示了不同城市化发展模式和不同管理策略对土地系统生态功能脆弱性的影响规律。

研究表明，非生态流或退化生态流引起的土地利用变化导致总生态系统服务存量不变或损失；然而提供较低生态系统服务的土地利用类型向提供较高生态系统服务的土地利用类型转换会触发增强生态流，从而提高土地系统总生态系统服务存量。快速城市化常伴随着非生态流或退化生态流，这是导致生态功能脆弱性增大的重要原因。

1990～2015 年，尽管武汉市快速城市化导致大量生态用地损失，但研究区土地系统总生态系统服务存量却略有增加。主要原因在于，在这一时期，农村为发展渔业收入，采用水稻-虾或水稻-鱼养殖，水田向水库坑塘转化导致增强生态流发生，从而使得总生态系统服务存量增加。这平衡了湖泊向建设用地或其他生态用地（具有较小生态系统服务价值的土地利用类型）转化造成的总生态系统服务存量的损失。

水田是维持土地系统正常运转功能的最重要节点。对水田的蓄意攻击将会对土地系统的结构造成最大破坏，这与土地系统生态功能脆弱性的增加最相关。为了维持武汉市土地系统的正常运转，应保证至少 80% 的耕地和 40% 的湖泊面积。当重要的土地利用类型面积小于面积阈值时，土地系统恢复成本将会很高。

第二节 不足与展望

脆弱性是全球环境变化和可持续发展科学领域的热点研究方向，由于人地关系耦合系统的复杂性以及对脆弱性认识的局限性，脆弱性的研究还处于起步阶段，需要理论与方法不断深化、学科之间不断交叉与融合、拓展和完善现有的理论与方法体系。

（1）本书在基础理论与方法方面存在一定不足。本书脆弱性的研究对象——土地系统是由人类社会与自然环境相互影响、相互作用形成的复杂耦合系统，使得脆弱性研究需要多学科交叉与融合来支撑。本书主要关注快速城市化区域土地系统脆弱性评估及影响机制探讨，主要梳理的基础理论涉及系统科学、城市学、复杂性科学、规划学等多个学科，并未对相关学科如生态学、预测学、计算机科学、管理学等做出归纳与总结。未来研究工作中，需要更加细致地整合并集成多个学科优势，以加强该领域基础理论的不断完善与深化。

（2）快速城市化区域土地利用/覆盖变化驱动因子的选取问题。由于受到来自数据获取方面的局限，本书仅选取影响快速城市化区域土地利用/覆盖变化的自然因素和社会经济因素共13个驱动力指标，没有考虑土地利用政策等方面的数据，这可能会影响后续驱动因子定量分析结果的精确性和实用性。今后应加强驱动因子的识别以及可获得数据的挖掘，不断完善相关研究工作。

（3）快速城市化区域土地利用/覆盖变化与驱动因子之间关系的建模方法问题。本书采用偏最小二乘法构建土地利用/覆盖变化与驱动因子之间的关系模型，该方法由于能消除变量之间的相互依赖关系，从而优于传统的多元线性回归方法，可以取得更好的效果。然而，该方法也具有一定的局限性。因为驱动因子与土地利用/覆盖变化之间的相互作用关系是动态的、不确定的、高阶的、非线性的，偏最小二乘法的回归系数不能完全反映驱动因子与土地利用/覆盖变化之间这种复杂的非线性关系。为了探索复杂土地利用/覆盖变化动态过程的详细信息，可以将偏最小二乘回归与神经网络有机结合起来，建立偏最小二乘回归神经网络模型，不仅能实现自变量存在严重相关条件下的回归建模，而且能实现观测数据的非线性组合。这也是未来更好地建立土地利用/覆盖变化动态模型的研究方向。

（4）对土地系统生态负载能力的设计过于简单。现有研究主要借鉴复杂网络理论的负载能力计算模型，即初始负载能力和容忍参数的乘积。实际上，每种土地利用类型的负载能力是由土地利用规划、城市规划、自然资源保护规划和其他相关规划共同确定的。简化设计的目的在于重点关注脆弱性的形成机制，但忽视了该模型在决策中的有效性。基于此，在未来研究中，我们将根据研究区的实际城市规划确定每类土地利用类型的负载能力，并开发空间精确模型来评估土地系统的脆弱性。

（5）快速城市化对土地系统结构脆弱性和生态功能脆弱性的影响评估缺乏空间信息的探讨。土地系统是具有丰富空间信息的地理系统（Wang et al.，2018a），已有涉及空间维度的研究表明，复杂系统网络中节点的拓扑特征和空间分布都是造成现实世界空间网络脆弱性的原因，忽视空间因素可能会造成重要信息的遗漏，严重时会造成不良后果（Wilkinson et al.，2011；Dunn and Wilkinson，2017）。未来的研究中，将空间信息引入土地系统的复杂网络分析中可能是一个新颖而重要的观点，这将促使我们理解根植于土地系统内部的空间复杂性导致的脆弱性形成机制成为可能。

参 考 文 献

巴顿 K J. 1984. 城市经济学——理论和政策. 上海社会科学院部门经济研究所城市经济研究室, 译. 北京：商务印书馆.

摆万奇, 赵士洞. 2001. 土地利用变化驱动力系统分析. 资源科学, 23（3）：39-41.

曹林林, 李海涛, 韩颜顺, 等. 2016. 卷积神经网络在高分遥感影像分类中的应用. 测绘科学, 9：37-42.

曹茜, 于德永, 孙云, 等. 2015. 土地利用/覆盖变化与气候变化定量关系研究进展. 自然资源学报, 30（5）：880-890.

常绍舜. 2011. 从经典系统论到现代系统论. 系统科学学报, 19（3）：1-4.

陈宜瑜. 2004. 对开展全球变化区域适应研究的几点看法. 地球科学进展, 19（4）：495-499.

陈迎. 2005. 适应问题研究的概念模型及其发展阶段. 气候变化研究进展, 1（3）：133-136.

程钰. 2014. 人地关系地域系统演变与优化研究. 济南：山东师范大学.

董金玮. 2019. 第四届全球土地计划开放科学大会在瑞士召开. 地理学报, 5：1061.

杜幅男, 蔡继明. 2013. 城市化测算方法的比较与选择. 当代经济研究, 10：31-40.

段东立, 吴俊, 邓宏钟, 等. 2013. 基于可调负载重分配的复杂网络级联失效模型. 系统工程理论与实践, 33（1）：203-208.

樊杰. 2018. 新时代"人地关系地域系统"研究刍议——兼议吴传钧先生的小事、大业. 经济地理, 38（4）：2-8.

方创琳. 2000. 区域发展规划的人地系统动力学基础. 地学前缘, 7（增刊）：5-10.

方创琳, 王岩. 2015. 中国城市脆弱性的综合测度与空间分异特征. 地理学报, 70（2）：234-247.

冯·贝塔朗菲. 1987. 一般系统论：基础、发展和应用. 北京：清华大学出版社.

冯维波. 2007. 城市化发展与生态环境质量的内在逻辑. 水土保持研究, 1：92-94.

高志强, 易维. 2012. 基于 CLUE-S 和 Dinamica EGO 模型的土地利用变化及驱动力分析. 农业工程学报, 16：208-216.

高自友, 吴建军, 毛保华, 等. 2005. 交通运输网络复杂性及其相关问题的研究. 交通运输系统工程与信息, 5（2）：79-84.

国家发展和改革委员会价格司. 2015. 全国农产品成本收益资料汇编. 北京：中国统计出版社.

郝伟, 陈鸿彬. 2009. 城市土地利用的问题分析与建议. 中国城市经济, 10：42-43.

何春阳, 史培军. 2009. 景观城市化与土地系统模拟. 北京：科学出版社.

何大韧, 刘宗华, 汪秉宏. 2009. 复杂系统与复杂网络. 北京：高等教育出版社.

何凡能, 李美娇, 杨帆. 2019. 近 70 年来中国历史时期土地利用/覆被变化研究的主要进展. 中国历史地理论丛, 34（4）：5-16.

何英彬, 姚艳敏, 唐华俊, 等. 2013. 土地利用/覆盖变化驱动力机制研究新进展. 中国农学通报, 2：190-195.

侯倩. 2014. 系统科学方法在我国公共政策分析中的应用研究. 武汉：华中师范大学.

胡志强. 2014. 武汉城市圈脆弱性综合评价研究. 武汉：华中师范大学.

黄欣荣. 2010. 复杂性科学的融贯方法论. 科学技术哲学研究, 1：27-32.

贾绍凤. 1997. 从两种生产协调论到人地系统生产协调论——关于人口学基本理论的探讨. 人文研究, 21（4）：10-15.

姜维镕, 管凤久. 1990. 城乡结合部的土地问题与对策//中国土地问题研究——中国土地学会第三次会员代表大会暨庆祝学会成立十周年学术讨论会论文集. 北京：中国经济出版社：109-110.

焦秀琦. 1987. 世界城市化发展的 S 型曲线. 城市规划, 2：34-38.

黎夏, 叶嘉安. 2005. 基于神经网络的元胞自动机及模拟复杂土地利用系统. 地理研究, 24（1）：19-27.

李博, 韩增林, 孙才志, 等. 2012. 环渤海地区人海资源环境系统脆弱性的时空分析. 资源科学, 34（11）：2214-2221.

李锋, 叶亚平, 宋博文, 等. 2011. 城市生态用地的空间结构及其生态系统服务动态演变——以常州市为例. 生态学报, 19：5623-5631.

李汉宗, 单欣欣. 2007. 城市化理论的发展与城市化概念的规范化. 中国西部科技（学术）, 10：29-31.

李鹤, 张平宇, 程叶青. 2008. 脆弱性的概念及其评价方法. 地理科学进展, 27（2）：18-25.

李红月, 殷秀琴, 马辰, 等. 2017. 长白山地丘陵区不同土地利用方式土壤动物群落生态分布特征. 土壤学报, 54（4）：1018-1028.

李进涛, 刘彦随, 杨园园, 等. 2018. 1985-2015 年京津冀地区城市建设用地时空演变特征及驱动因素研究. 地理研究, 37（1）：37-52.

李鹏, 于书霞. 2014. 基于典型对应分析的滇池流域土地利用驱动力分析. 中国人口·资源与环境, 24（3）：123-126.

李愈哲, 樊江文, 张良侠, 等. 2013. 不同土地利用方式对典型温性草原群落物种组成和多样性以及生产力的影响. 草业学报, 22（1）：1-9.

梁龙武, 王振波, 方创琳, 等. 2019. 京津冀城市群城市化与生态环境时空分异及协同发展格局. 生态学报, 4：1212-1225.

刘纪远. 1996. 中国资源环境遥感宏观调查与动态研究. 北京：科学出版社.

刘纪远, 刘明亮, 庄大方, 等. 2002. 中国近期土地利用变化的空间格局分析. 中国科学（D 辑）, 32（12）：1031-1040.

刘纪远, 张增祥, 徐新良, 等. 2009. 21 世纪初中国土地利用变化的空间格局与驱动力分析. 地理学报, 64（12）：1411-1420.

刘婧, 史培军, 葛怡. 2006. 灾害恢复力研究进展综述. 地球科学进展, 21（2）：211-218.

刘瑞, 朱道林. 2010. 基于转移矩阵的土地利用变化信息挖掘方法探讨. 资源科学, 32（8）：1544-1550.

刘盛和. 2002. 城市土地利用扩展的空间模式与动力机制. 地理科学进展, 1：43-50.

刘旭华, 王劲峰, 刘纪远, 等. 2005. 国家尺度耕地变化驱动力的定量分析方法. 农业工程学报, 4：56-60.

刘彦随. 2014. 中国城镇化亟待破除"城乡病". 中国新闻网. [2014-3-1]. http://www.cas.cn/xw/zjsd/201403/t20140303_4043757.shtml.

刘燕华, 李秀彬. 2001. 脆弱性生态环境与可持续发展. 北京: 商务印书馆.

龙花楼, 王文杰, 翟刚, 等. 2002. 安徽省土地利用变化及其驱动力分析. 长江流域资源与环境, 11 (6): 526-530.

娄和震, 杨胜天, 周秋文, 等. 2014. 延河流域 2000-2010 年土地利用/覆盖变化及驱动力分析. 干旱区资源与环境, 28 (4): 15-20.

陆大道. 2002. 关于地理学的"人地系统"理论研究. 地理研究, 2: 135-145.

陆大道, 郭来喜. 1998. 地理学的研究核心——人地关系地域系统——论吴传钧院士的地理学思想与学术贡献. 地理学报, 65 (2): 97-105.

罗静, 王新健. 1995. 农村城市化理论渊源与发展综述. 经济科学, 3: 75-79.

马建威, 黄诗峰, 许宗男. 2017. 基于遥感的 1973-2015 年武汉市湖泊水域面积动态监测与分析研究. 水利学报, 48: 903-913.

马克伟. 1991. 土地大辞典. 长春: 长春出版社.

马明德, 马学娟, 谢应忠, 等. 2014. 宁夏生态足迹影响因子的偏最小二乘回归分析. 生态学报, 34 (3): 682-689.

马中. 2019. 环境与自然资源经济学概论. 3 版. 北京: 高等教育出版社.

毛汉英. 2018. 人地系统优化调控的理论方法研究. 地理学报, 73 (4): 608-619.

毛蒋兴, 李志刚, 闫小培, 等. 2008. 快速城市化背景下深圳土地利用时空变化的人文因素分析. 资源科学, 30 (6): 939-948.

毛蒋兴, 闫小培, 李志刚, 等. 2009. 快速城市化过程中深圳土地利用变化的自然及人文因素综合研究. 自然资源学报, 24 (3): 523-535.

欧名豪, 李武艳, 刘向南, 等. 2002. 城市化内涵探讨. 南京农业大学学报 (社会科学版), 2 (4): 13-22.

潘玉君. 1997. 人地关系地域系统协调共生应用理论初步研究. 人文地理, 12 (3): 75-79.

潘玉君, 李天瑞. 1995. 困境与出路——全球问题与人地共生. 自然辩证法研究, 11 (6): 1-9.

钱学森. 1996. 人体科学与当代科学技术发展纵横观. 北京: 人民出版社.

钱学森. 1997. 论系统工程 (增订本). 长沙: 湖南科学技术出版社.

乔家君. 2004. 中国中部农区村域人地关系系统定量研究——河南省巩义市吴沟村、溴沱村、孝南村的实证分析. 开封: 河南大学博士学位论文: 7-12.

曲福田. 2011. 土地经济学. 北京: 中国农业出版社: 13-16.

申玉铭. 1998. 论人地关系的演变与人地系统优化研究. 人文地理, 13 (4): 30-34.

石晓丽, 史文娇. 2015. 气候变化和人类活动对耕地格局变化的贡献归因综述. 地理学报, 70 (9): 1463-1476.

史培军, 宫鹏, 李晓兵, 等. 2000. 土地利用/覆盖变化研究的方法与实践. 北京: 科学出版社.

史培军, 王静爱, 陈婧, 等. 2006. 当代地理学之人地相互作用研究的趋向: 全球变化人类行为计划 (IHDP) 第六届开放会议透视. 地理学报, 61 (2): 115-126.

孙永光, 李秀珍, 郭文永, 等. 2011. 基于 CLUE-S 模型验证的海岸围垦区景观驱动因子贡献率. 应用生态学报, 9: 2391-2398.

汪小帆, 李翔, 陈关荣. 2006. 复杂网络理论及其应用. 北京: 清华大学出版社.

王爱民, 刘加林. 2001. 我国人地关系研究进展述评. 热带地理, 21 (4): 364-368.

王惠文. 1999. 偏最小二乘回归方法及其应用. 北京: 国防工业出版社.

王娟, 常征. 2012. 中国城乡结合部的问题及对策: 以利益关系为视角. 经济社会体制比较, 3: 163-173.

王万茂. 2006. 土地利用规划学. 北京: 科学出版社.

王新文. 2002. 城市化发展的代表性理论综述. 中共济南市委党校济南市行政学院济南市社会主义学院学报, 1: 25-29.

王岩, 方创琳. 2014. 大庆市城市脆弱性综合评价与动态演变研究. 地理科学, 35 (5): 547-555.

王岩, 方创琳, 张蔷. 2013. 城市脆弱性研究评述与展望. 地理科学进展, 32 (5): 755-768.

魏宏森, 曾国屏. 2009. 系统论——系统科学哲学. 北京: 世界图书出版公司.

吴传钧. 1991. 论地理学的研究核心——人地关系地域系统. 经济地理, (3): 1-6.

吴传钧. 1998. 人地关系与经济布局. 北京: 学苑出版社.

武汉市统计局. 1991-2019. 武汉统计年鉴. 北京: 中国统计出版社.

武鹏飞, 宫辉力, 周德民. 2012. 基于复杂网络的官厅水库流域土地利用/覆被变化. 地理学报, 67 (1): 113-121.

谢高地, 鲁春霞, 冷允法, 等. 2003. 青藏高原生态资产的价值评估. 自然资源学报, 18 (2): 189-196.

谢高地, 甄霖, 鲁春霞, 等. 2008. 一个基于专家知识的生态系统服务价值化方法. 自然资源学报, 23 (5): 911-919.

谢高地, 张彩霞, 张昌顺, 等. 2015. 中国生态系统服务的价值. 资源科学, 37 (9): 1740-1746.

徐广才, 康慕谊, 贺丽娜, 等. 2009. 生态脆弱性及其研究进展. 生态学报, 29 (5): 2578-2588.

许德祥, 庞元正. 1989. 现代系统思想与领导系统概论. 北京: 中共中央党校出版社.

许国志. 2000. 系统科学. 上海: 上海科技教育出版社.

杨青山, 梅林. 2001. 人地关系、人地关系系统与人地关系地域系统. 经济地理, 5: 532-537.

杨武年, 刘恩勤, 陈宁, 等. 2010. 成都市土地利用遥感动态监测及驱动力分析. 西南交通大学学报, 2: 185-190.

于鲲鹏, 杨育, 刘娜, 等. 2014. 基于加权改进节点收缩法的供应链网络脆弱性分析. 计算机集成制造系统, 20 (4): 963-970.

喻锋, 李晓波, 张丽君, 等. 2015. 中国生态用地研究: 内涵、分类与时空格局. 生态学报, 35 (14): 1-15.

袁靖. 2019. 云南省城镇化进程中耕地利用系统脆弱性评价. 昆明: 云南财经大学.

袁朋伟, 宋守信, 潘显钟, 等. 2014. 气候变化条件下的城市脆弱性建模与仿真. 城市发展研究, 21: 54-59.

曾国平, 曾三, 梁彭勇. 2008. 我国工业集聚与城市化关系的实证研究. 重庆工商大学学报 (西部论坛), 2: 106-108.

张惠远, 赵昕奕, 蔡运龙, 等. 1999. 喀斯特山区土地利用变化的人类驱动机制研究——以贵州省为例. 地理研究, 2 (8): 158-170.

张景华, 封志明, 姜鲁光. 2011. 土地利用/土地覆被分类系统研究进展. 资源科学, 33 (6): 1195-1203.

张理茜, 蔡建明, 王妍. 2010. 城市化与生态环境响应研究综述. 生态环境学报, 19 (1): 244-252.

张平宇, 李鹤, 佟连军, 等. 2011. 矿业城市人地系统脆弱性——理论·方法·实证. 北京: 科学出版社.

张银辉，赵庚星. 2001. 试论土地利用遥感动态监测技术方法. 国土资源科技管理，3：15-18.

赵明，汪秉宏，蒋品群，等. 2005. 复杂网络上动力系统同步的研究进展. 物理学进展，25（3）：273-295.

赵阳，张艺，涂志华，等. 2014. 基于生态服务价值的多目标水源地土地利用结构优化. 中国环境科学，34（1）：232-238.

郑树峰，张柏，臧淑英，等. 2007. 黑龙江省大庆市产业结构对土地利用/土地覆被变化的影响. 资源科学，29（6）：128-132.

中国经济增长前沿课题组. 2011. 城市化、财政扩张与经济增长. 经济研究，11：4-20.

中华人民共和国国家发展和改革委员会. 2015. 长江中游城市群发展规划. [2015-4-13]. https://www.ndrc.gov.cn/xwdt/ztzl/xxczhjs/ghzc/201605/t20160512_971938.html.

中华人民共和国国家统计局. 2018. 中国统计年鉴 2018. 北京：中国统计出版社.

周厚侠. 2016. 黑河中游区域土地利用/土地覆盖变化及环境热效应研究. 北京：中国矿业大学（北京）.

周毅. 2009. 城市化理论的发展与演变. 城市问题，11：27-30, 97.

朱敏，谭德凯. 2011. 2000-2010 年我国金融体系脆弱性的分析与测度. 上海金融，8：72-76.

祝云舫，王忠郴. 2006. 城市环境风险程度排序的模糊分析方法. 自然灾害学报，15（1）：155-158.

邹君，杨玉蓉，田亚平，等. 2007. 南方丘陵区农业水资源脆弱性概念与评价. 自然资源学报，22（2）：302-310.

Lewis T G. 2011. 网络科学原理与应用. 陈向阳，巨修练，等，译. 北京：机械工业出版社.

Abe S，Suzuki N. 2004. Scale-free network of earthquakes. Europhysics Letters，65（4）：581-586.

Absar S M，Preston B L. 2015. Extending the shared socioeconomic pathways for sub-national impacts，adaption，and vulnerability studies. Global Environmental Change，33：83-96.

Abson D J，Dougill A J，Stringer L C. 2012. Using principal component analysis for information-rich socio-ecological vulnerability mapping in Southern Africa. Applied Geography，35（1-2）：515-524.

Acuto M，Parnell S，Seto K C. 2018. Building a global urban science. Nature Sustainability，1：2-4.

Adger W N. 2000. Institutional adaptation to environmental risk under the transition in Vietnam. Annals of the Association of American Geographers，90：738-758.

Adger W N. 2006. Vulnerability. Global Environmental Change，16（3）：268-281.

Adger W N，Kelly P M. 1999. Social vulnerability to climate change and the architecture of entitlements. Mitigation and Adaptation Strategies for Global Change，4：253-266.

Adger W N，Arnell N W，Tompkins E L. 2005. Successful adaptation to climate change across scales. Global Environmental Change，15（2）：77-86.

Albert R，Jeong H，Barabási A L. 2000. Error and attack tolerance of complex networks. Nature，406（6794）：378-382.

Alizadeh M，Ngah I，Hashim M，et al. 2018. A hybrid analytic network process and artificial neural network（ANP-ANN）model for urban earthquake vulnerability assessment. Remote Sensing，10（6）：975.

An H，Gao X，Fang W，et al. 2014. Research on patterns in the fluctuation of the co-movement between crude oil futures and spot prices：A complex network approach. Applied Energy，136：

1067-1075.

An L，Linderman M，Qi J，et al. 2005. Exploring complexity in a human-environment system：An agent-based spatial model for multidisciplinary and multiscale integration. Annals of the Association of American Geographers，95（1）：54-79.

Aretano R，Semeraro T，Petrosillo I，et al. 2015. Mapping ecological vulnerability to fire for effective conservation management of natural protected areas. Ecological Modelling，295：163-175.

Arnell N W，van Vuuren D P，Isaac M. 2011. The implications of climate policy for the impacts of climate change on global water resources. Global Environmental Change，21（2）：592-603.

Bao Z，Cao Y，Ding L，et al. 2008. Dynamics of load entropy during cascading failure propagation in scale-free networks. Physics Letters A，372（36）：5778-5782.

Barabási A L，Albert R. 1999. Emergence of scaling in random networks. Science，286：509-512.

Barrat A，Barthélemy M，Vespignani A. 2008. Dynamical Processes on Complex Networks. New York：Cambridge University Press.

Bates S，Angeon V，Ainouche A. 2014. The pentagon of vulnerability and resilience：A methodological proposal in development economics by using graph theory. Economic Modelling，42：445-453.

Bennett E M，Peterson G D，Gordon L J. 2009. Understanding relationships among multiple ecosystem services. Ecology Letters，12：1394-1404.

Bennett R J，Chorley R J. 1978. Environmental Systems Philosophy，Analysis and Control. Princeton：Princeton University Press.

Bianconi G，Barabási A L. 2001. Competition and multiscaling in evolving networks. Europhysics Letters，54（4）：436-442.

Birkmann J. 2006. Measuring Vulnerability to Natural Hazards：Towards Disaster Resilient Societies. Tokyo：United Nations University Press.

Blaikie P，Cannon T，Davis I，et al. 1994. At Risk：Natural Hazards，People's Vulnerability and Disasters. London：Rout-ledge.

Bompard E，Wu D，Xue F. 2011. Structural vulnerability of power systems：A topological approach. Electric Power Systems Research，81（7）：1334-1340.

Brooks N. 2003. Vulnerability，risk and adaptation：A conceptual framework. Norwich：Tyndall Centre for Climate Change Research，University of East Anglia.

Cadini F，Agliardi G L，Zio E. 2017. A modeling and simulation framework for the reliability/availability assessment of a power transmission grid subject to cascading failures under extreme weather conditions. Applied Energy，185：267-279.

Carrascal L M，Galv'an I，Gordo O. 2009. Partial least squares regression as an alternative to current regression methods used in ecology. Oikos，118（5）：681-690.

Chen G，Dong Z Y，Hill D J，et al. 2010. Attack structural vulnerability of power grids：A hybrid approach based on complex networks. Physica A：Statistical Mechanics and Its Applications，389（3）：595-603.

Chenery H，Syrquin M. 1975. Patterns of Development，1950-1970. Oxford：Oxford University Press.

Chopra S S，Khanna V. 2014. Understanding resilience in industrial symbiosis networks：Insights from network analysis. Journal of Environmental Management，141：86-94.

Costanza R，d'Arge R，de Groot R，et al. 1997. The value of the world's ecosystem services and natural capital. Nature，387：253-260.

Costanza R，de Groot R，Sutton P，et al. 2014. Changes in the global value of ecosystem services. Global Environmental Change，26：152-158.

Crucitti P，Latora V，Marchiori M. 2004a. A topological analysis of the Italian electric power grid. Physica A：Statistical Mechanics and its Applications，338（1-2）：92-97.

Crucitti P，Latora V，Marchiori M. 2004b. Model for cascading failures in complex networks. Physical Review E，69（1）：045104.

Cumming G S，Barnes G，Perz S，et al. 2005. An exploratory framework for the empirical measurement of resilience. Ecosystems，8（8）：975-987.

Cutter S L. 1996. Vulnerability to environment hazards. Progress in Human Geography，20（4）：529-539.

Cutter S L，Boruff B J，Shirley W L. 2003. Social vulnerability to environmental hazards. Social Science Quarterly，84（2）：242-261.

d'Amour C B，Reitsma F，Baiocchi G，et al. 2017. Future urban land expansion and implications for global croplands. Proceedings of the National Academy of Sciences USA，114（34）：8939-8944.

Dafermos Y，Nikolaidi M，Galanis G. 2017. A stock-flow-fund ecological macroeconomic model. Ecological Economics，131：191-207.

Davin E L，de Noblet-Ducoudre N. 2010. Climatic impact of global-scale deforestation：Radiative versus nonradiative processes. Journal of Climate，23（1）：97-112.

de la Torre A，Iglesias I，Carballo M，et al. 2012. An approach for mapping the vulnerability of European Union soils to antibiotic contamination. Science of the Total Environment，414：672-679.

Dearing J A，Braimoh A K，Reenberg A，et al. 2010. Complex land systems：The need for long time perspectives to assess their future. Ecology and Society，15（4）：21.

Deng X Z，Huang J K，Rozelle S，et al. 2006. Cultivated land conversion and potential agricultural productivity in China. Land Use Policy，23：372-384.

Deng X Z，Huang J K，Rozelle S，et al. 2008. Growth，population and industrialization，and urban land expansion of China. Journal of Urban Economics，63：96-115.

Deng X Z，Huang J K，Rozelle S，et al. 2015. Impact of urbanization on cultivated land changes in China. Land Use Policy，45：1-7.

Deng X Z，Li Z H，John G. 2016. A review on trade-off analysis of ecosystem services for sustainable land-use management. Journal of Geographical Science，26（7）：953-968.

Du N，Ottens H，Sliuzas R. 2010. Spatial impact of urban expansion on surface water bodies—A case study of Wuhan，China. Landscape and Urban Planning，94（3-4）：175-185.

Dunn S，Wilkinson S. 2017. Hazard tolerance of spatially distributed complex networks. Reliability Engineering & System Safety，157：1-12.

Eakin H，Luers A L. 2006. Assessing the vulnerability of social-environmental systems. Annual Review of Environment and Resources，31：365-394.

Elmqvist T，Fragkias M，Goodness J，et al. 2013. Urbanization，Biodiversity and Ecosystem Services：

Challenges and Opportunities. Dordrecht: Springer Netherlands.

Erdǒs P, Rényi A. 1960. On the evolution of random graphs. Publication Mathematical Institute Academic Science, 5: 17-60.

Foley J A, de Fries R, Asner G P, et al. 2005. Global consequences of land use. Science, 309: 570-574.

Frederick K D, Major D C. 1997. Climate change and water resources. Climatic Change, 37 (1): 7-23.

Füssel H M. 2007. Vulnerability: A generally applicable conceptual framework for climate change research. Global Environmental Change, 17 (2): 155-167.

Future Earth. 2013. Future Earth Initial Design. Paris: International Council for Science.

Gallent N, Shaw D. 2007. Spatial planning, area action plans and the rural-urban fringe. Journal of Environmental Planning and Management, 50 (5): 617-638.

Gallopín G C. 2003. A systemic synthesis of the relations between vulnerability, hazard, exposure and impact, aimed at policy identification// Economic Commission for Latin American and the Caribbean (ECLAC). Handbook for Estimating the Socio-Economic and Environmental Effects of Disasters. Mexico: ECLAC: 2-5.

Gallopín G C. 2006. Linkages between vulnerability, resilience, and adaptive capacity. Global Environmental Change, 16 (3): 293-303.

Garschagen M, Romero-Lankao P. 2013. Exploring the relationships between urbanization trends and climate change vulnerability. Climatic Change, 133 (1): 37-52.

Garthwaite P H. 1994. An interpretation of partial least squares. Journal of the American Statistical Association, 89 (425): 122-127.

Geist H J, Lambin E F, Geist H J, et al. 2001. What Drives Tropical Deforestation? A Meta-Analysis of Proximate and Underlying Causes of Deforestation Based on Subnational Case Study Evidence. Louvain-la-Neuve: LUCC International Project Office.

GLP. 2005. Science plan and implementation strategy. Stockholm: IGBP Report No. 53 and IHDP Report No. 19. IGBP Secretariat.

Goldstein J H, Caldarone G, Duarte T K, et al. 2012. Integrating ecosystem-service tradeoffs into land-use decisions. Proceedings of the National Academy of Sciences USA, 109 (19): 7565-7570.

Gou L, Wei B, Sadiq R, et al. 2016. Topological vulnerability evaluation model based on fractal dimension of complex networks. PLOS One, 11 (1): e0146896.

Gunderson L H. 1999. Resilience, flexibility and adaptive management: Antidotes for spurious certitude? Conservation Ecology, 3 (1): 7.

Gunderson L H, Holling C S. 2002. Panarchy: Understanding Transformations in Human and Natural Systems. Washington: Island Press.

Hardy S D. 2017. Here comes the rain: Assessing storm hazards vulnerability in Northeast Ohio. International Journal of Disaster Risk Reduction, 24: 391-398.

He J, Tang C, Liu G, et al. 2017. Effect of landslides on the structural characteristics of land-cover based on complex networks. International Journal of Modern Physics B, 31 (22): 1750156.

Hills A. Insidious environments: Creeping dependencies and urban vulnerabilities. Journal of Contingencies and Crisis Management, 2005, 13（1）: 12-20.

Hodges M N, McKinney M L. 2018. Urbanization impacts on land snail community composition. Urban Ecosystems, 21（4）: 721-735.

Holdgate M W. 1979. A Perspective of Environmental Pollution. Cambridge: Cambridge University Press.

Holling C S. 1973. Resilience and stability of ecological systems. Annual Review of Ecology and Systematics, 4（1）: 1-23.

Hölting L, Beckmann M, Volk M, et al. 2019. Multifunctionality assessments-More than assessing multiple ecosystem functions and services? A quantitative literature review. Ecological Indicators, 103: 226-235.

Huang C, Zhang M, Zou J, et al. 2015. Changes in land use, climate and the environment during a period of rapid economic development in Jiangsu Province, China. Science of the Total Environment, 536: 173-181.

Hynes S, Ghermandi A, Norton D, et al. 2018. Marine recreational ecosystem service value estimation: A meta-analysis with cultural considerations. Ecosystem Services, 31: 410-419.

Intergovernmental Panel on Climate Change（IPCC）. 2014. AR5 Climate Change 2014: Mitigation of Climate Change. Cambridge: Cambridge University Press.

IPCC. 2001. Climate Change 2001: Impacts, Adaptation, and Vulnerability. Cambridge: Cambridge University Press.

Ippolito A, Sala S, Faber J H, et al. 2010. Ecological vulnerability analysis: A river basin case study. Science of the Total Environment, 408: 3880-3890.

Janssen M A, Schoon M L, Ke W M, et al. 2006. Scholarly networks on resilience, vulnerability and adaptation within the human dimensions of global environmental change. Global Environmental Change, 16（3）: 240-252.

Kalnay E, Cai M. 2003. Impact of urbanization and land-use change on climate. Nature, 423（6939）: 528-531.

Kanianska R, Kizeková M, Nováček J, et al. 2014. Land-use and land-cover changes in rural areas during different political systems: A case study of Slovakia from 1782 to 2006. Land Use Policy, 36: 554-566.

Kates R W, Ausubel J H, Berbertan M, et al. 1985. Climate Impact Assessment: Studies of the Interaction of Climate and Society. Hoboken: John Wiley & Sons, Inc.

Ke X L, van Vliet J, Zhou T, et al. 2018. Direct and indirect loss of natural habitat due to built-up area expansion: A model-based analysis for the city of Wuhan, China. Land Use Policy, 74: 231-239.

Lawler J J, Lewis D J, Nelson E, et al. 2014. Projected land-use change impacts on ecosystem services in the United States. Proceedings of the National Academy of Sciences of the United States of America, 111（20）: 7492-7497.

Lee X, Goulden M L, Hollinger D Y, et al. 2011. Observed increase in local cooling effect of deforestation at higher latitudes. Nature, 479（7373）: 384-387.

Lewis T G. 2008. Network Science: Theory and Practice. Hoboken: John Wiley & Sons, Inc.

Li X M, Xiao R B. 2017. Analyzing network topological characteristics of eco-industrial parks from the perspective of resilience: A case study. Ecological Indicators, 74: 403-413.

Li Y R, Liu Y S, Long H L, et al. 2014. Community-based rural residential land consolidation and allocation can help to revitalize hollowed villages in traditional agricultural areas of China: Evidence from Dancheng County, Henan Province. Land Use Policy, 39: 188-198.

Li Y C, Huang H P, Ju H, et al. 2015. Assessing vulnerability and adaptive capacity to potential drought for winter-wheat under the RCP 8.5 scenario in the Huang-Huai-Hai Plain. Agriculture, Ecosystems and Environment, 209: 125-131.

Li X M, Wang Y, Li J F, et al. 2016. Physical and socioeconomic driving forces of land-use and land-cover changes: A case study of Wuhan City, China. [2016-4-13]. http://dx.doi.org/10.1155/2016/8061069.

Liang Z. 2016. China's great migration and the prospects of a more integrated society. Annual Review of Sociology, 42: 451-471.

Liu J, Shi Z W. 2017. Quantifying land-use change impacts on the dynamic evolution of flood vulnerability. Land Use Policy, 65: 198-210.

Liu J Y, Liu M L, Zhuang D F, et al. 2003. Study on spatial pattern of land-use change in China during 1995-2000. Science in China Series D: Earth Sciences, 46: 373-384.

Liu J, Dietz T, Carpenter S R, et al. 2007. Complexity of coupled human and natural systems. Science, 317: 1513-1516.

Liu J, Kuang W, Zhang Z, et al. 2014a. Spatiotemporal characteristics, patterns, and causes of land-use changes in China since the late 1980s. Journal of Geographical Sciences, 24 (2): 195-210.

Liu J, Wang S Y, Li D M. 2014b. The analysis of the impact of land-use changes on flood exposure of Wuhan in Yangtze River Basin, China. Water Resources Management, 28 (9): 2507-2522.

Liu Y S, Fang F, Li Y H. 2014c. Key issues of land use in China and implications for policy making. Land Use Policy, 40: 6-12.

Liu Y L, Luo T, Liu Z Q, et al. 2015. A comparative analysis of urban and rural construction land use change and driving forces: Implications for urban-rural coordination development in Wuhan, Central China. Habitat International, 47: 113-125.

Liu C, Zhang Q, Luo H, et al. 2019. An efficient approach to capture continuous impervious surface dynamics using spatial-temporal rules and dense Landsat time series stacks. Remote Sensing of Environment, 229: 114-132.

Lockie S, Franettovich M, Petkova-Timmer V, et al. 2009. Coal mining and the resource community cycle: A longitudinal assessment of the social impacts of the Coppabella Coal Mine. Environmental Impact Assessment Review, 29 (5): 330-339.

Lu M, Tang X, Wang Z, et al. 2017. Source tagging modeling study of heavy haze episodes under complex regional transport processes over Wuhan megacity, Central China. Environmental Pollution, 231: 612-621.

Luers A L, Lobell D B, Sklar L S, et al. 2003. A method for quantifying vulnerability, applied to the agricultural system of the Yaqui Valley, Mexico. Global Environmental Change, 13(4): 255-267.

Martens H, Naes T. 1989. Multivariate Calibration. London: John Wiley & Sons, Inc.

Matthews R B, Gilbert N G, Roach A, et al. 2007. Agent-based land-use models: A review of applications. Landscape Ecology, 22 (10): 1447-1459.

McKinney M L. 2002. Urbanization, biodiversity, and conservation. Bioscience, 52 (10): 883-890.

Metzger M J, Rounsevell M D A, Acosta-Michlik L, et al. 2006. The vulnerability of ecosystem services to land use change. Agriculture, Ecosystems and Environment, 114 (1): 69-85.

Millennium Ecosystem Assessment (MEA). 2005. Ecosystems and Human Well-being. Washington: Island Press.

Mitchell M. 2009. Complexity: A Guided Tour. New York: Oxford University Press.

Morris M W, Samuels P. 2006. Flood site (integrated flood risk analysis and management methodologies): Research relevant to the dams industry. Proceedings of the 14th Conference of the British Sam Society: Improvements in Reservoir Construction, Operation and Maintenance, London.

Motter A E, Lai Y C. 2002. Cascade-based attacks on complex networks. Physical Review E, 66 (2): 065102.

Müller-Hansen F, Cardoso M F, Dalla-Nora E L, et al. 2017. A matrix clustering method to explore patterns of land-cover transitions in satellite-derived maps of the Brazilian Amazon. Nonlinear Processes in Geophysics, 24 (1): 113-123.

Narayan S, Nicholls R J, Clarke D, et al. 2014. The SPR systems model as a conceptual foundation for rapid integrated risk appraisals: Lessons from Europe. Coastal Engineering, 87: 15-31.

Newman M E J, Watts D J. 1999. Renormalization group analysis of the small-world network model. Physics Letters A, 263: 341-346.

Nie S, Wang X, Zhang H, et al. 2014. Robustness of controllability for networks based on edge-attack. PLOS One, 9 (2): e89066.

Ouyang M, Hong L, Mao Z J, et al. 2009. A methodological approach to analyze vulnerability of interdependent infrastructures. Simulation Modelling Practice and Theory, 17: 817-828.

Page S E. 2010. Diversity and Complexity. Princeton: Princeton University Press.

Parizi E, Hosseini S M, Ataie-Ashtiani B, et al. 2019. Vulnerability mapping of coastal aquifers to seawater intrusion: Review, development and application. Journal of Hydrology, 570: 555-573.

Parker D C, Manson S M, Janssen M A, et al. 2003. Multi-agent systems for the simulation of land use and land cover change: A review. Annals of the Association of American Geographers, 93 (2): 314-337.

Paul A, Deka J, Gujre N, et al. 2019. Does nature of livelihood regulate the urban community's vulnerability to climate change? Guwahati city, a case study from North East India. Journal of Environmental Management, 251: 109591.

Peng J, Xu Y Q, Cai Y L, et al. 2011. Climatic and anthropogenic drivers of land use/cover change in fragile karst areas of southwest China since the early 1970s: A case study on the Maotiaohe watershed. Environmental Earth Sciences, 64 (8): 2107-2118.

Piao S L, Philippe C, Huang Y, et al. 2010. The impacts of climate change on water resources and agriculture in China. Nature, 46 (2): 43-51.

Polsky C，Neff R，Yarnal B. 2007. Building comparable global change vulnerability assessments：The vulnerability scoping diagram. Global Environmental Change，17：472-485.

Pumo D，Arnone E，Francipane A，et al. 2017. Potential implications of climate change and urbanization on watershed hydrology. Journal of Hydrology，554：80-99.

Qiu B K，Li H L，Zhou M，et al. 2015. Vulnerability of ecosystem services provisioning to urbanization：A case of China. Ecological Indicators，57：505-513.

Roberts M G，Yang G A. 2003. The international progress of sustainable development research：A comparison of vulnerability analysis and the sustainable livelihoods approach. Progress in Geography，22（1）：11-21.

Rosenzweig C，Parry M L. 1994. Potential impact of climate change on world food supply. Nature，367（6459）：133-138.

Rubinov M，Sporns O. 2010. Complex network measures of brain connectivity：Uses and interpretations. Neuroimage，52（3）：1059-1069.

Salvati L. 2014. A socioeconomic profile of vulnerable land to desertification in Italy. Science of the Total Environment，466-467：287-299.

Sannigrahi S，Rahmat S，Chakraborti S，et al. 2017. Changing dynamics of urban biophysical composition and its impact on urban heat island intensity and thermal characteristics：The case of Hyderabad City，India. Modeling Earth Systems and Environment，3（2）：647-667.

Schelling T C. 2006. Micromotives and Macrobehavior. New York：WW Norton & Company.

Schilling K E，Chan K S，Liu H，et al. 2010. Quantifying the effect of land use land cover change on increasing discharge in the Upper Mississippi River. Journal of Hydrology，387（3-4）：343-345.

Schröter D，Metzger M J，Cramer W，et al. 2004. Vulnerability assessment-analysing the human-environment system in the face of global environmental change. The ESS Bulletin，2（2）：11-17.

Schröter D，Cramer W，Leemans R，et al. 2005. Ecosystem service supply and vulnerability to global change in Europe. Science，310：1333-1337.

Scott G D. 1969. Plant Symbiosis Institude of Biology，Studies in Biology No. 16. London：Edward Arnold Ltd：58.

Sen A K. 1981. Poverty and Famines. Oxford：Clarendon Press.

Shen X Q，Wang L P，Wu C F，et al. 2017. Local interests or centralized targets? How China's local government implements the farmland policy of Requisition-Compensation Balance. Land Use Policy，67：716-724.

Shi D H，Chen Q H，Liu L M. 2005. Markov chain-based numerical method for degree distribution of growing networks. Physical Review E，71（3）：036140.

Shi D H，Liu L M，Zhu X，et al. 2006. Degree distributions of evolving networks. Europhysics Letters，76（4）：10315.

Smit B，Wandel J. 2006. Adaptation，adaptive capacity and vulnerability. Global Environmental Change，16（3）：282-292.

Smit B，Burton I，Klein R J T，et al. 1999. The science of adaptation：A framework for assessment. Mitigation and Adaptation Strategies for Global Change，4（3/4）：199-213.

Solomon D, Lehmann J, Zech W. 2000. Land use effects on soil organic matter properties of chromic luvisols in semi-arid northern Tanzania: carbon, nitrogen, lignin and carbohydrates. Agriculture Ecosystems and Environment, 78 (3): 203-213.

Song W, Deng X Z, Yuan Y W, et al. 2015. Impacts of land-use change on valued ecosystem service in rapidly urbanized North China Plain. Ecological Modelling, 318: 245-253.

Srinivasan V, Seto K C, Emerson R, et al. 2013. The impact of urbanization on water vulnerability: A coupled human-environment system approach for Chennai, India. Global Environmental Change, 23 (1): 229-239.

Strogatz S H. 2001. Exploring complex networks. Nature, 410: 268-276.

Sutton P C, Anderson S J, Costanza R, et al. 2016. The ecological economics of land degradation: Impacts on ecosystem service values. Ecological Economics, 129: 182-192.

Tavares A O, Pato R L, Magalhães M C. 2012. Spatial and temporal land use change and occupation over the last half century in a peri-urban area. Applied Geography, 34: 432-444.

Tran L T, Knight C G, O'Neill R V, et al. 2002. Fuzzy decision analysis for integrated environmental vulnerability assessment of the Mid-Atlantic region. Environmental Management, 29 (6): 845-859.

Turner II B L, Clark W C, Robert W, et al. 1993. The Earth as Transformed by Human Action: Global and Regional Changes in the Biosphere over the past 300 Years. Cambridge: Cambridge University Press.

Turner II B L, Skole D L, Sanderson S, et al. 1995. Land use and land cover change: Science/research plan. Stockholm: IGBP Report No. 35 and HDP Report No.7. IGBP.

Turner II B L, Kasperson R E, Matson P A, et al. 2003. A framework for vulnerability analysis in sustainability science. Proceedings of the National Academy of Sciences of the United States of America, 100 (14): 8074-8079.

Turner II B L, Lambin E F, Reenberg A. 2007. The emergence of land change science for global environmental change and sustainability. Proceedings of the National Academy of Sciences of the United States of America, 104 (52): 20666-20671.

Turner II B L, Janetos A C, Verburg P H, et al. 2013. Land system architecture: Using land systems to adapt and mitigate global environmental change. Global Environmental Change, 23 (2): 395-397.

Uitto J I. 1998. The geography of disaster vulnerability in megacities: A theoretical framework. Applied Geography, 18 (1): 7-16.

United Nations. 2018. World urbanization prospects: The 2018 revision. [2018-1-1]. https://population. un.org/wup/Publications/Files/WUP2018-KeyFacts.pdf.

Veldkamp T, Polman N, Reinhard S, et al. 2011. From scaling to governance of the land system: Bridging ecological and economic perspectives. Ecology and Society, 16 (1): 1.

Verburg P H, Crossman N, Ellis E C, et al. 2015. Land system science and sustainable development of the earth system: A global land project perspective. Anthropocene, 12: 29-41.

von Bertallanffy. 1973. General System Theory. New York: George Breziller, Inc.

Walker B, Holling C S, Carpenter S R, et al. 2004. Resilience, adaptability and transformability in social-ecological systems. Ecology and Society，9（2）：5-13.

Wang X R，Hui E C，Choguill C，et al. 2015. The new urbanization policy in China：Which way forward? Habitat International，47：279-284.

Wang Y，Li X M，Li J F，et al. 2018a. Impact of rapid urbanization on vulnerability of land system from complex networks view：A methodological approach. [2018-5-2]. https://doi.org/10.1155/2018/8561675.

Wang Y，Li X M，Zhang Q，et al. 2018b. Projections of future land use changes：Multiple scenarios-based impacts analysis on ecosystem services for Wuhan City，China. Ecological Indicators，94：430-445.

Wang Y，Li X M，Zhang F，et al. 2020. Effects of rapid urbanization on ecological functional vulnerability of land systems：A flow and stock perspective for Wuhan City. Journal of Cleaner Production，248：119284.

Watson J E M，Venter O，Lee J，et al. 2018. Protect the last of the wild. Nature，563：27-30.

Watts D J，Strogatz S H. 1998. Collective dynamics of 'small-world' networks. Nature，393：440-442.

White G F. 1974. Natural Hazards. Oxford：Oxford University Press.

Wilkinson S M，Dunn S，Ma S. 2011. The vulnerability of the European air traffic network to spatial hazards. Natural Hazards，60（3）：1027-1036.

Wold H. 1975. Soft modeling by latent variables：The nonlinear iterative partial least squares approach//Bartlett M S，Gani J .Perspectives in Probability and Statistics. London：Academic Press：520-540.

Wold S. 2001. Personal memories of the early PLS development. Chemometrics and Intelligent Laboratory Systems，58（2）：83-84.

Wold S，Ruhe A，Wold H，et al. 1984. The collinearity problem in linear regression，the partial least squares（PLS）approach to generalized inverse. SIAM Journal on Scientific and Statistical Computing，5（3）：735-743.

Wolfslehner B，Vacik H. 2008. Evaluating sustainable forest management strategies with the analytic network process in a pressure-state-response framework. Journal of Environmental Management，88（1）：1-10.

Wu K Y，Zhang H. 2012. Land use dynamics，built-up land expansion patterns，and driving forces analysis of the fast-growing Hangzhou metropolitan area，eastern China（1978-2008）. Applied Geography，34：137-145.

Xiao Y，Yi S，Tang Z. 2018. A spatially explicit multi-criteria analysis method on solving spatial heterogeneity problems for flood hazard assessment. Water Resources Management，32（10）：3317-3335.

Yang B H，Ke X L. 2015. Analysis on urban lake change during rapid urbanization using a synergistic approach：A case study of Wuhan，China. Physics and Chemistry of the Earth，89：127-135.

Yang S，Shi L. 2017. Prediction of long-term energy consumption trends under the New National Urbanization Plan in China. Journal of Cleaner Production，166：1144-1153.

Young O R，Berkhout F，Gallopin G C，et al. 2006. The globalization of socio-ecological systems：An agenda for scientific research. Global Environmental Change，16（3）：304-316.

Zang Z, Zou X, Zuo P, et al. 2017. Impact of landscape patterns on ecological vulnerability and ecosystem service values: An empirical analysis of Yancheng Nature Reserve in China. Ecological Indicators, 72: 142-152.

Zeng Y, Xiao R. 2014. Modelling of cluster supply network with cascading failure spread and its vulnerability analysis. International Journal of Production Research, 52: 6938-6953.

Zhang M, Lee X, Yu G, et al. 2014. Response of surface air temperature to small-scale land clearing across latitudes. Environmental Research Letters, 9 (3): 034002.

Zhang B L, Yin L, Zhang S M, et al. 2016. Assessment on characteristics of LUCC process based on complex network in Modern Yellow River Delta, Shandong Province of China. Earth Science Information, 9: 83-93.

Zhang X, Wang L, Fu X, et al. 2017. Ecological vulnerability assessment based on PSSR in Yellow River Delta. Journal of Cleaner Production, 167: 1106-1111.

Zhang Q, Song C H, Chen X D. 2018. Effects of China's payment for ecosystem services programs on cropland abandonment: A case study in Tiantangzhai Township, Anhui, China. Land Use Policy, 73: 239-248.

Zimmermann J, González A, Jones M B, et al. 2016. Assessing land-use history for reporting on cropland dynamics—A comparison between the land-parcel identification system and traditional inter-annual approaches. Land Use Policy, 52: 30-40.